コンパクト解説 会社法

3

監査役
監査委員
監査等委員

弁護士法人 大江橋法律事務所【編】

商事法務

はしがき

　平成 27 年は、平成 26 年改正会社法の施行やコーポレートガバナンス・コードの導入に加えて、日本監査役協会の監査役監査基準も改訂されるなど、「コーポレートガバナンス元年」と評される一方で、多くの上場会社で企業不祥事が発覚するなど、コーポレートガバナンス上のさまざまな問題が表面化した 1 年でもありました。そのような中、日本企業のコーポレートガバナンスにおいて監査役・監査委員に求められる役割はさらに大きくなっています。また、平成 26 年改正会社法で新たに導入された監査等委員も、監査役や監査委員と同様に、会社の業務執行の適正化という使命を課せられた機関です。監査役・監査委員・監査等委員がこうした重大な職責を適切かつ十二分に発揮するためには、関連する法令やガイドライン、監査の実務慣行などを身につけなければなりません。

　本書は、監査役・監査委員・監査等委員に関する基本的な法律知識と、上記のような時代背景における監査実務の運用について、Q&A 形式で解説するものです。はじめて監査役等に就任される方はもとより、監査役スタッフとなる現場担当者の方々にとって、法律知識や最新実務について効率よく把握・理解することができるよう、工夫がなされています。

　まず、単に条文の内容を羅列するのではなく、その意味するところを、最小限の文章でできる限り噛み砕いて説明しています。また、直近の関連データを盛り込むことで、実務慣行の最新の動向を知ることができます。相互に関連する Q&A については、できる限り関連する Q を言及・引用して、読者の理解を深める工夫をしています。

　法律面では、監査役会や株主総会における監査役の役割、取締役・取締役会との関係、会計監査人との関係、監査役の責任等について概説するとともに、指名委員会等設置会社における監査委員や、監査等委員会設置会社における監査等委員の役割についても解説しています。実務面では、監査の体制・方法に加えて、業務監査・会計監査の概要、内部統制システムの監査、監査報告の作成など、監査役等としての実務運用に必要となる知識をカバーしています。

　会社法はさまざまな機関設計を認めていますが、本書の構成は、監査役設置会社をはじめ、監査役会設置会社、指名委員会等設置会社、監査等委員会設置

会社にも広く対応できる内容となっています。もっとも、上場会社の多数が監査役会設置会社であることをふまえ、本書の多くの記述は、主として監査役会設置会社を想定しており、監査等委員会設置会社や指名委員会等設置会社において監査役会設置会社と取扱いが異なる部分については、末尾の第7章・第8章にまとめて記載しています。なお、本書は学術的な解説書ではないため、条文、裁判例、文献等の引用は最小限にしています。

　本書の執筆は、弁護士法人大江橋法律事務所の会社法M&Aプラクティスグループの中核メンバーである竹平征吾、細野真史、山口拓郎、浦田悠一および当職が担当し、全員での議論と相互の推敲を経て本書を完成させました。本書が読者諸氏のニーズを満たし、日常の業務の一助となれば望外の喜びですが、忌憚のないご指摘・ご批判をいただければ幸いです。

　本書の出版にあたっては、企画段階から校正に至るまで、株式会社商事法務の岩佐智樹氏および水石曜一郎氏に多大なご尽力をいただきました。この場を借りて厚く御礼申し上げます。

　平成28年3月

執筆者を代表して　　弁護士　関口智弘

目　次

第1章　監査役・監査委員・監査等委員の意義と役割

1　はじめに……………………………………………………………… 1

2　平成26年会社法改正と監査役・監査委員・監査等委員 ………… 2

3　監査役とコーポレートガバナンス・コード ……………………… 7

第2章　監査役と監査役会

1　監査役の資格・選任・終任・報酬等 ……………………………… 15

　Q1　監査役の資格 ……………………………………………………… 15

　Q2　兼任禁止 …………………………………………………………… 18

　Q3　監査役就任までの準備 …………………………………………… 19

　Q4　監査役の選任手続 ………………………………………………… 21

　Q5　新任監査役 ………………………………………………………… 24

　Q6　社外監査役の資格 ………………………………………………… 26

　Q7　社外監査役の選任手続 …………………………………………… 30

　Q8　社外性要件が欠如した場合 ……………………………………… 34

　Q9　常勤監査役の資格 ………………………………………………… 35

　Q10　常勤監査役に欠員が生じた場合 ………………………………… 36

　Q11　独立監査役 ………………………………………………………… 37

　Q12　未就任期間の監査 ………………………………………………… 38

　Q13　監査役の任期 ……………………………………………………… 39

　Q14　一時監査役（仮監査役） ………………………………………… 40

　Q15　補欠監査役の選任手続 …………………………………………… 42

　Q16　補欠監査役の任期 ………………………………………………… 44

　Q17　補欠監査役の選任決議の取消し ………………………………… 46

　Q18　補欠監査役の報酬 ………………………………………………… 47

　Q19　監査役の退任 ……………………………………………………… 47

　Q20　監査役の解任 ……………………………………………………… 50

　Q21　監査役の報酬の決定手続 ………………………………………… 54

　Q22　監査役の報酬水準 ………………………………………………… 56

　Q23　監査役に対する報酬の内容 ……………………………………… 59

　Q24　監査役と会社との取引 …………………………………………… 61

iv 目 次

② 監査役会……………………………………………………………………… 62
  Q25 監査役会の設置・構成 ……………………………………………… 62
  Q26 監査役会の職務 ……………………………………………………… 64
  Q27 監査役の員数が欠けた場合の監査の効力 ……………………… 67
  Q28 監査役会の運営① …………………………………………………… 68
  Q29 監査役会の運営② …………………………………………………… 71
  Q30 監査役会の決議要件 ………………………………………………… 72
  Q31 監査役会決議の省略の可否 ………………………………………… 73
  Q32 取締役等の監査役会に対する報告義務とその例外 …………… 74
③ 監査役と会計監査人 …………………………………………………………… 75
  Q33 会計監査人の選任・解任・再任に関する監査役の権限 ……… 75
  Q34 会計監査人の報酬決定に関する監査役の権限 ………………… 78
④ 監査役と登記 …………………………………………………………………… 79
  Q35 監査役と登記 ………………………………………………………… 79

第3章 監査の実施

① 監査体制・監査の方法………………………………………………………… 81
  Q36 監査役の独任制 ……………………………………………………… 81
  Q37 監査役の職務分担 …………………………………………………… 82
  Q38 監査役への報告体制 ………………………………………………… 83
  Q39 監査役スタッフ ……………………………………………………… 85
  Q40 内部監査部門との連携 ……………………………………………… 88
  Q41 子会社の監査役等との連携 ………………………………………… 89
  Q42 会計監査人との連携 ………………………………………………… 89
  Q43 常勤監査役と社外監査役 …………………………………………… 91
  Q44 社外取締役との連携 ………………………………………………… 92
② 監査役の職務と権限 …………………………………………………………… 92
  Q45 業務監査と会計監査 ………………………………………………… 92
  Q46 監査役の権限 ………………………………………………………… 93
  Q47 監査役の義務 ………………………………………………………… 95
  Q48 適法性監査と妥当性監査 …………………………………………… 96
③ 業務監査 ………………………………………………………………………… 97
  Q49 業務監査の概要 ……………………………………………………… 97
  Q50 法令遵守体制の監査 ………………………………………………… 98
  Q51 子会社の監査 ………………………………………………………… 99

目次　v

Q52　海外子会社の監査 ……………………………………… 100
Q53　子会社による報告・調査の拒絶 ……………………… 100
Q54　事業報告の監査 ………………………………………… 101
Q55　利益相反取引等、特に留意すべき監査事項 ………… 102

4　会計監査 ……………………………………………………… 107
Q56　会計監査の概要 ………………………………………… 107
Q57　会計監査人設置会社における会計監査 ……………… 110
Q58　会計監査人による監査の相当性の判断 ……………… 111
Q59　会計監査人に対する監査役会の権限 ………………… 112
Q60　監査の対象となる書類およびそのチェックポイント … 112
Q61　会計監査人設置会社以外の監査役設置会社における会計監査 … 115

5　監査役と内部統制システム ………………………………… 116
Q62　会社法と内部統制システム …………………………… 116
Q63　平成26年会社法改正と内部統制システム …………… 118
Q64　金商法と内部統制システム …………………………… 119
Q65　内部統制システムの監査 ……………………………… 119

6　監査計画、監査調書、監査費用 …………………………… 121
Q66　監査の年間スケジュール ……………………………… 121
Q67　監査計画の作成 ………………………………………… 123
Q68　監査調書 ………………………………………………… 123
Q69　監査費用の負担者 ……………………………………… 124

第4章　監査役と株主総会

1　監査の対象と監査のスケジュール ………………………… 125
Q70　監査報告の対象となる書類の種類 …………………… 125
Q71　臨時計算書類および連結計算書類 …………………… 125
Q72　監査報告の作成スケジュール ………………………… 126
Q73　特定取締役および特定監査役の意義 ………………… 129

2　監査報告 ……………………………………………………… 130
Q74　事業報告に関する監査報告の記載事項 ……………… 130
Q75　計算関係書類に関する監査報告の記載事項 ………… 132
Q76　監査の方法および内容について ……………………… 133
Q77　「監査のため必要な調査ができなかったとき」の具体的内容 … 134
Q78　事業報告に記載すべき「重大な事実」等 …………… 134
Q79　重要な後発事象 ………………………………………… 135

vi 目 次

Q80 監査報告の作成方法 ……………………………………… 135
Q81 監査役が期中で退任または就任した場合の処理 ……… 136
Q82 期限内に監査報告等が提出されない場合の処理 ……… 137
Q83 平成26年会社法改正の影響 ……………………………… 138
Q84 会社の利益を害さないかどうかについての判断等 …… 140
Q85 監査報告等の作成後の手続 ……………………………… 141
Q86 臨時計算書類の備置開始日 ……………………………… 144
③ 株主総会における監査役 ……………………………………… 144
Q87 株主総会に関する監査役（会）の権限等 ……………… 144
Q88 議案等に関する「著しく不当な事項」等の意味 ……… 146
Q89 株主総会前の監査役（会）の活動 ……………………… 146
Q90 株主総会当日の監査役の役割 …………………………… 147
Q91 株主総会における監査役の説明義務 …………………… 149
Q92 株主総会後の監査役（会）の活動 ……………………… 150

第5章 監査役（会）と取締役・取締役会

① 取締役会・取締役と監査役（会）との関係 ……………………… 152
Q93 取締役会の監督との違い ………………………………… 152
Q94 監査役と業務執行者との関係 …………………………… 154
Q95 取締役会への出席 ………………………………………… 154
Q96 取締役会以外の重要会議への出席 ……………………… 157
Q97 取締役会議事録その他重要書類の閲覧 ………………… 158
Q98 監査役と取締役の共通点・相違点 ……………………… 159
Q99 取締役に対する事業報告請求 …………………………… 161
Q100 取締役等との意思疎通・情報収集 ……………………… 162
② 取締役の違法行為への対応 …………………………………… 163
Q101 不正・違法行為の監査・検証 …………………………… 163
Q102 監査役による取締役会の招集 …………………………… 165
Q103 監査役による取締役の違法行為等の差止め …………… 166
Q104 監査役の企業不祥事への対応 …………………………… 168
③ 会社と取締役との訴訟における監査役の役割 ……………… 171
Q105 責任追及等の訴えの提訴請求への対応 ………………… 171
Q106 株主代表訴訟への関与 …………………………………… 173
Q107 特定責任追及の訴え（多重代表訴訟）および株式交換等完全子会社の
旧株主による責任追及の訴えに対する監査役の関与 ……………… 174

目　次　vii

Q108　取締役の責任免除に対する監査役の関与 ……………………………… 180

第6章　監査役の責任

Q109　監査役と民事責任 …………………………………………………… 182
Q110　監査役に対する責任追及 ………………………………………… 183
Q111　監査役の責任減免 ………………………………………………… 183
Q112　監査役の刑事責任 ………………………………………………… 184

第7章　監査委員と監査委員会

Q113　指名委員会等設置会社における監査委員会 ……………………… 185
Q114　監査委員 …………………………………………………………… 185
Q115　監査委員の選定・解職 …………………………………………… 188
Q116　監査委員会の構成・運営 ………………………………………… 189
Q117　監査委員会における監査 ………………………………………… 189
Q118　監査委員会における監査報告 …………………………………… 190

第8章　監査等委員と監査等委員会

Q119　監査等委員会設置会社における監査等委員会 ………………… 191
Q120　監査等委員 ………………………………………………………… 192
Q121　監査等委員の選任・解任 ………………………………………… 194
Q122　監査等委員会の構成・運営 ……………………………………… 195
Q123　監査等委員会における監査 ……………………………………… 196
Q124　監査等委員会における監査報告 ………………………………… 197

編者・著者紹介 ……………………………………………………………… 199

viii 凡 例

凡 例

1 法令の略称 （ ）はかっこの中で用いる場合

【法令】

法	会社法
整備法（整）	会社法の一部を改正する法律の施行に伴う関係法律の整備等に関する法律
施行規則（施）	会社法施行規則
計算規則（計）	会社計算規則
金商法（金商）	金融商品取引法
開示府令	企業内容等の開示に関する内閣府令
独占禁止法	私的独占の禁止及び公正取引の確保に関する法律
委任状勧誘府令	上場株式の議決権の代理行使の勧誘に関する内閣府令

【証券取引所関係（東京証券取引所）】

上場規程	有価証券上場規程
上場規程施行規則	有価証券上場規程施行規則

2 判例誌・雑誌の略称

民集	大審院民事判例集・最高裁判所民事判例集
商事法務	旬刊商事法務

3 文献の略称

相澤	相澤哲＝郡谷大輔＝葉玉匡美編著『論点解説 新・会社法──千問の道標』（商事

	法務、2006 年)
江頭	江頭憲治郎『株式会社法〔第 6 版〕』（有斐閣、2015 年）
コンメ(7)	岩原紳作編『会社法コンメンタール第 7 巻　機関(1)』（商事法務、2013 年）
コンメ(8)	落合誠一編『会社法コンメンタール第 8 巻　機関(2)』（商事法務、2009 年）
コンメ(10)	江頭憲治郎＝弥永真生編『会社法コンメンタール第 10 巻　計算等(1)』（商事法務、2011 年）
論点体系会社法 3	江頭憲治郎＝中村直人編著『論点体系会社法 3』（第一法規、2012 年）
監査役監査基準	公益社団法人日本監査役協会「監査役監査基準」（2015 年 7 月 23 日最終改正）
監査役監査実施要領	公益社団法人日本監査役協会「監査役監査実施要領」（2011 年 7 月 7 日）
新任監査役ガイド	公益社団法人日本監査役協会「新任監査役ガイド〔第 5 版〕」（2011 年 9 月 29 日）
ハンドブック	中村直人編著『監査役・監査委員ハンドブック』（商事法務、2015 年）
会社法施行規則・電子公告規則コンメ	弥永真生『コンメンタール会社法施行規則・電子公告規則〔第 2 版〕』（商事法務、2015 年）
会社計算規則・商法施行規則コンメ	弥永真生『コンメンタール会社計算規則・商法施行規則〔第 2 版〕』（商事法務、2009 年）

第1章 監査役・監査委員・監査等委員の意義と役割

1 はじめに

　監査役になられる方、監査役スタッフとして勤務される方等、監査役業務の法律問題に携わる機会がある方々が戸惑われるのは監査役の役割、業務範囲の不明確さではないでしょうか。

　一般に監査役の職務は、取締役の職務の執行を監査し、監査報告を作成することである（法381条）といわれます。取締役の職務の執行を監査するという場合、いわゆる業務監査として、取締役の行動が法令、定款に違反していないか、善管注意義務に違反しないかを監査しなければなりません。このような業務監査にあたっては、取締役が株式会社より付託された経営を行うにあたり、その注意義務に反していないかどうかという評価が必要であり、会社法、独占禁止法その他の法令および業界慣行等の知識を必要としますが、監査役がどのような方法で、どのような水準で監査をしなければならないかという点についての具体的な指針は必ずしも明確ではありません。また、監査役の職務範囲は近年の法改正で拡大しており、適法性に限らず、妥当性についての意見表明を求められる場面も増えつつあります。

　監査役は株主総会において選任され、その付託を受けて監査業務を行います。その職務は経営陣から独立して行うことが要請され、独自の判断と権限で行わなければなりません。しかし、監査業務の内容を十分把握して監査役になられる方はほとんどおられないというのが実情です。

　本書は、そのような背景を受け、優れた類書が多数存在する中、現監査役の方々、監査役になろうとされる方々、類似の立場に置かれる監査委員、監査等委員の方々、また監査役等を支える立場の方々等、さまざまなかたちで監査に関する法律や実務に携わる機会のある方々にとって、コンパクトでわかりやすい何らかのガイダンスになることを企図して編集されたものです。

　監査役等のコーポレートガバナンスにおける役割は年々高まりつつあり、監

査等委員会設置会社、指名委員会等設置会社はもとより、監査役会設置会社に
おいても内部統制システム等を通じた監査のあり方や、監査役スタッフの役割
や独立性等、効率的な監査の進め方についても実務的な関心が高まっています。
本書は、そうした近年の監査実務の変化についても個別の項目を設け、業務の
中で該当する箇所を繰り返しご参照いただけることを企図しています。

　以降、監査役を中心として監査を取り巻く法律問題、監査実務は同様の監査
業務を行う監査委員、監査等委員にも共通するものですので、まずは主に監査
役を中心として Q&A 形式で記述した上で、第7章と第8章において監査委
員、監査等委員特有の問題を取り扱います。

② 平成26年会社法改正と監査役・監査委員・監査等委員

I　監査等委員会設置会社の導入

　これまで、公開会社かつ大会社では、原則として、①「監査役会設置会社」
（取締役会＋監査役会＋会計監査人）と、②「指名委員会等設置会社」（取締役会
＋指名・報酬・監査の三委員会＋会計監査人＋執行役）という2つの機関設計の
みが認められてきました。

　このうち、監査役会設置会社では、取締役会がその構成員である取締役の職
務執行を監督するとともに、3名以上の監査役（半数以上は社外監査役）が監査
を担うことになります（法362条2項2号、381条1項）が、取締役会は業務
執行を行う取締役から制度的に独立していないためその監督機能の脆弱性が問
題とされ、監査役監査についても、わが国独自の制度であるため、国際的な理
解を得ることが難しいといった指摘があります。

　他方で、指名委員会等設置会社は、執行（執行役）と監督（取締役会）を分
離し、取締役会の中に社外取締役を中心とする3つの委員会（指名、報酬、監
査）を設けることで取締役会の独立性を高め、監督機能の強化を図った制度で
すが、社外者が過半数を占める委員会が、取締役の人事や報酬という重要事項
の決定権限を持つことに抵抗感を示す会社も多く、平成27年10月15日現
在、この制度を採用する上場会社は、わずか65社にとどまっています（日本
取締役協会調べ）。

　平成26年会社法改正は、監査役会設置会社、指名委員会等設置会社（従来
の委員会設置会社）に加え、両者の中間的な位置づけとして、監査等委員会設

置会社という新たな制度を導入し、これにより公開会社かつ大会社における機関設計として3種類の選択肢が準備されました。

監査等委員会は、取締役会の中に置かれ、3名以上の「監査等委員である取締役」によって構成され、その過半数は社外取締役である必要があります。自ら業務執行を行わない社外取締役を複数置くことにより、取締役会の内部で業務執行と監督の分離を図るとともに、そのような社外取締役を中心とする監査等委員会が、監査機能を担いつつ、業務執行取締役の選定や解職等の決定に一定程度関与し、監督機能を果たすことを予定した制度です。

監査等委員会設置会社では、監査等委員会が業務監査を担いますので、監査役や監査役会を置くことはできません。他方で、取締役会と会計監査人は必ず設置しなければなりません（法327条1項3号・4項・5項）。

図表1-1　監査等委員会設置会社のイメージ

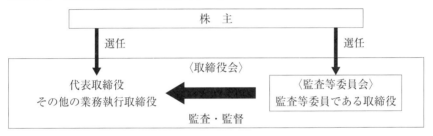

監査等委員会設置会社の特徴としては以下の3点があげられます。
① 社外役員2名のみの選任で足りる

監査等委員会設置会社では、監査等委員である取締役のうち最低2名は社外取締役であることが必要ですが、他方で監査役会設置会社のように社外監査役を置く必要はありません。よって、監査役会設置会社において社外監査役と社外取締役の両方を選任する場合に比べてより少数の社外役員（最低2名）により、社外取締役選任の要請を満たすことが可能です。

4　第1章　監査役・監査委員・監査等委員の意義と役割

図表 1-2　監査役会、監査等委員会、監査委員会の構成の比較

	監査役会	監査等委員会	監査委員会
員数	3名以上	3名以上	3名以上
社外者の属性	社外監査役	社外取締役	社外取締役
社外者の数	半数以上	過半数	過半数
常勤者の設置義務	あり	なし	なし

②　代表取締役等への大幅な権限委譲が可能

　監査等委員会設置会社では、必要な定款規定を置くなどした場合、指名委員会等設置会社と同様に、取締役会の意思決定権限の多くを業務執行担当者（代表取締役等）に委譲することが可能です。こうした権限委譲により意思決定を迅速化し、経営の機動性確保が図られます。

③　利益相反取引にかかる任務懈怠の立証責任

　取締役（監査等委員以外の取締役に限る）と会社との間の利益相反取引について、監査等委員会が承認している場合、当該取引により会社に損害が生じたとしても取締役の任務懈怠は推定されず、責任を追及する側において、取締役の任務懈怠を立証しなければなりません。これは監査等委員会設置会社でのみ認められる制度であり、上記②と同様、この制度の利用促進策ということができます。

Ⅱ　各制度の比較

　以下に監査役会設置会社、監査等委員会設置会社および指名委員会等設置会社についての簡単な比較表を掲載します。

　監査等委員会は、取締役の選解任または報酬に関する株主総会における意見陳述権を通じて一定の監督機能を有すること、指名委員会等設置会社と同様に内部統制システムを通じた組織的監査によるものとされていることがポイントです。

図表 1-3　監査、監督機能の比較

	監査役会設置会社	監査等委員会設置会社	指名委員会等設置会社
業務執行	業務執行取締役	業務執行取締役	執行役
業務執行の決定	取締役会	取締役会 （一定の要件の下、 取締役へ委譲可）	取締役会 （執行役へ委譲可）
監査	監査役会	監査等委員会	監査委員会
監督	取締役会	取締役会 監査等委員会	取締役会
監査の範囲	適法性	適法性・妥当性	適法性・妥当性
監査の態様	独任制	組織的監査	組織的監査

Ⅲ　監査業務に関連するその他の改正

　平成 26 年会社法改正はさまざまな側面で監査業務に影響を与えますが、その改正の内容を網羅的に記載することは本書の範疇を超えますので、ここでは主要項目のみ掲げておきます。

　①　責任限定契約の締結主体の拡張等

　改正前の会社法においては、責任限定契約の締結主体は社外役員に限定されていましたが、平成 26 年会社法改正の社外性要件の変更に伴い、社外性を喪失する役員は従前と同様の保護を受けられなくなることから、責任限定契約の締結主体が拡張されています。

　この結果、(i)業務執行取締役もしくは執行役または支配人その他の使用人ではない取締役（つまり、業務執行に関与しない取締役）および、(ii)監査役は、社外性要件の有無にかかわらず、責任限定契約を締結できるものとしています（法 427 条 1 項）。この改正の結果、社外役員を導入していない会社においても、責任限定契約による責任限定制度を採用することが可能となりました。

　また、いわゆる最低責任限度額の算定にあたって問題となる役員の区分等についても、以下の図表のような変更が行われています（法 425 条 1 項）。

6　第1章　監査役・監査委員・監査等委員の意義と役割

図表 1-4　最低責任限度額算定における役員区分等

	役員の区分	乗数*
ア	代表取締役または代表執行役	6
イ	代表取締役以外の取締役（業務執行取締役、執行役または支配人その他の使用人であるものに限る）または代表執行役以外の執行役	4
ウ	取締役（ア、イに該当する者は除く）、会計参与、監査役または会計監査人	2

＊当該役員等がその在職中に株式会社から職務執行の対価として受け、または受けるべき財産上の利益の1年間あたりの額に相当する額として法務省令で定める方法により算定される額に乗じる。

　業務執行取締役もしくは執行役または支配人その他の使用人ではない取締役および監査役との間で責任限定契約を締結しようとする場合には、責任限定契約を締結することができる旨の定款の定めが必要となります（法427条1項）。また、取締役の責任限定契約に関する定款の定めを含む定款変更議案を株主総会に提案する場合、各監査役、各監査委員、各監査等委員の同意が必要になります（同条3項、425条3項）。

　②　会計監査人の選任等に関する議案についての決定権限の変更

　平成26年会社法改正においては、会計監査人の取締役からの独立性を確保するという観点に基づき、会計監査人の選任等の議案に関しては、監査役（監査役会設置会社であれば監査役会）がその内容についての決定権を有することになりました（法344条）。

　他方で、会計監査人の報酬等に関しては、その決定が財務にかかわる経営判断と密接に関連するものであることから、従前と同様、取締役または取締役会が会計監査人の報酬等を決定し、監査役（監査役会設置会社であれば監査役会）はこれに対する同意権を有するものとされました（法399条）。

図表 1-5　会計監査人の選任等および報酬についての権限

	取締役（会）	監査役（会）
会計監査人の選任、解任および不再任	（改正前）決定権 （改正後）特に権限なし	（改正前）同意権 （改正後）決定権
会計監査人の報酬	（改正前）決定権 （改正後）決定権	（改正前）同意権 （改正後）同意権

③　親子会社間における利益相反取引に関する開示の拡大

　親子会社間の取引が類型的に子会社に不利益を及ぼすおそれがあるため、子会社少数株主保護の観点から、当該取引の情報開示をさらに充実させる必要があるという認識の下で、個別注記表に表示された関連当事者との間の重要な取引に関し、一定の事項を事業報告の内容とし、当該事項に対する意見を監査役（会）の監査報告の内容としました。これらの具体的内容については **Q55** をご参照ください。

④　特定責任追及訴訟等

　親会社株主は、子会社の事業活動のあり方により、その利害に重大な影響を受けることがあるため、一定の重要な子会社について、所定の要件を充足した場合は、親会社株主が子会社取締役等の責任を追及する特定責任追及訴訟（いわゆる多重代表訴訟制度）が導入されました。また、株式交換等が行われた場合に、株式交換等完全子会社の旧株主による株式交換等完全子会社取締役等の責任追及の訴えも導入されています。

　これらに伴い、親会社監査役、子会社監査役の役割も拡充されることになりますが、その具体的内容については **Q107** をご参照ください。

③　監査役とコーポレートガバナンス・コード

Ⅰ　コーポレートガバナンス・コードの趣旨

　平成 26 年会社法改正と並んでコーポレートガバナンスに大きな影響を与えるものとして、「コーポレートガバナンス・コードの策定に関する有識者会議」が原案を作成し、東京証券取引所が上場規程（平成 27 年 6 月 1 日施行）に盛り込んだコーポレートガバナンス・コードの存在があげられます。

　同コードは東京証券取引所の有価証券上場規程に根拠を有することから上場会社のみに適用があるものであり、いわゆるソフトローとして、上場会社は同コードの趣旨・精神を尊重し、各原則を実施するか、実施しない理由を説明する（説明すれば実施しなくてもよい）という性質のものですが、上場会社各社の開示・運用体制の変化を通じてコーポレートガバナンスのスタンダードを変革する重要な意味合いを有しています。

　同コードは、経営者のマインドを変革し、グローバル水準の ROE の達成等を 1 つの目安に、グローバル競争に打ち勝つ攻めの経営判断を後押しする仕組みを強化するためのものとして制定されたものであり、「コーポレートガバ

ナンス」を「会社が、株主をはじめ顧客・従業員・地域社会等の立場を踏まえた上で、透明・公正かつ迅速・果断な意思決定を行うための仕組み」と定義していることからもわかるように、リスクの回避・抑制や不祥事の防止といった側面を過度に強調するのではなく、健全な企業家精神の発揮を促し、会社の持続的な成長と中長期的な企業価値の向上を図ることに主眼があるとされています。

Ⅱ　監査業務とコーポレートガバナンス・コード

　前述のとおり、同コードは上場会社におけるソフトローとしての役割を有するにすぎないともいえますが、その内容は直接監査業務のあり方について提言するものも少なくありません。

　関連する原則および補充原則のうち、主要なものを掲げると以下のとおりです。

> 原則 1-5　いわゆる買収防衛策
> 　買収防衛の効果をもたらすことを企図してとられる方策は、経営陣・取締役会の保身を目的とするものであってはならない。その導入・運用については、取締役会・監査役は、株主に対する受託者責任を全うする観点から、その必要性・合理性をしっかりと検討し、適正な手続を確保するとともに、株主に十分な説明を行うべきである。

　本原則は、取締役会・監査役に対して買収防衛策の必要性・合理性を検討し、適正な手続を確保するとともに、株主に十分な説明を行うことを求めています。もとより買収防衛策に関しては「企業価値・株主共同の利益の確保又は向上のための買収防衛策に関する指針」（平成 17 年 5 月 27 日経済産業省・法務省）や「近時の諸環境の変化を踏まえた買収防衛策の在り方」（平成 20 年 6 月 30 日企業価値研究会）があり、取引所の規則でも詳細な開示事項が定められていますので、これらの遵守が必然的にこの原則の遵守につながるものと思われます。また、監査役は監査報告の中で買収防衛策に関する事項について意見を述べなければならないとされていること（施 129 条 1 項 6 号）からもこの原則で示されることがその役割として期待されているといえます。

3　監査役とコーポレートガバナンス・コード　9

> 原則 1-6　株主の利益を害する可能性のある資本政策
> 　支配権の変動や大規模な希釈化をもたらす資本政策（増資、MBO 等を含む）
> については、既存株主を不当に害することのないよう、取締役会・監査役は、
> 株主に対する受託者責任を全うする観点から、その必要性・合理性をしっかり
> と検討し、適正な手続を確保するとともに、株主に十分な説明を行うべきであ
> る。

　本原則は、取締役会・監査役に対して株主の利益を害する可能性のある資本
政策についてその必要性・合理性を検討し、適正な手続を確保するとともに、
株主に十分な説明を行うことを求めています。

　従前から取引所規則が一定の希釈化率となる、または支配株主が異動する第
三者割当による募集株式の発行等については経営陣から一定程度独立した者か
ら必要性・相当性に関する意見を入手するか、株主の意思確認を行う等の措置
を求め、詳細な開示事項を定めていますし、平成 26 年会社法改正により、支
配株主の異動を伴う第三者割当による募集株式の発行等について一定の情報開
示および一定数以上の株主が反対した場合には株主総会決議を求めることとさ
れています（法 206 条の 2）。

　また、いわゆるマネージメントバイアウトについては「企業価値の向上及び
公正な手続確保のための経営者による企業買収（MBO）に関する指針」（平成
19 年 9 月 4 日経済産業省）があり、取引所規則が詳細な開示事項を定めていま
す。

　本原則はこれらの遵守と実質的に重なり合うものであるといえます。

> 原則 1-7　関連当事者間の取引
> 　上場会社がその役員や主要株主等との取引（関連当事者間の取引）を行う場
> 合には、そうした取引が会社や株主共同の利益を害することのないよう、また、
> そうした懸念を惹起することのないよう、取締役会は、あらかじめ、取引の重
> 要性やその性質に応じた適切な手続を定めてその枠組みを開示するとともに、
> その手続を踏まえた監視（取引の承認を含む）を行うべきである。

　取締役の利益相反取引については株主総会（取締役会設置会社においては取締
役会）の承認が求められています（法 356 条、365 条）。また、平成 26 年会社
法改正により、当該株式会社とその親会社等との取引（当該株式会社と第三者
との間の取引で当該株式会社とその親会社等との間の利益が相反するものを含む）

10　第1章　監査役・監査委員・監査等委員の意義と役割

であって個別注記表に注記を要するものについて監査役は監査報告において意見を述べるものとされています（施129条1項6号）。

　本原則は取締役や親会社等との利益相反取引に限らず、その役員や主要株主等との取引について取締役会にあらかじめ適切な手続を定めてその枠組みを開示するとともに、その手続をふまえた監視を行うことを求めています。

> **原則2-5　内部通報**
> 　上場会社は、その従業員等が、不利益を被る危険を懸念することなく、違法または不適切な行為・情報開示に関する情報や真摯な疑念を伝えることができるよう、また、伝えられた情報や疑念が客観的に検証され適切に活用されるよう、内部通報に係る適切な体制整備を行うべきである。取締役会は、こうした体制整備を実現する責務を負うとともに、その運用状況を監督すべきである。

　本原則は通報者が不利益を受ける懸念を有することなく、違法行為や不適切な行為に関する情報を通報できるように体制整備を求め、取締役会において運用状況を監督することを求めています。とりわけ、補充原則2-5①はその一環として経営陣から独立した窓口の設置（たとえば、社外取締役と監査役による合議体を窓口とする等）を行うべきであり、情報提供者の秘匿と不利益取扱いの禁止に関する規律を整備することを上場会社に求めています。内部通報は違法行為等の監査に関する重要なツールであることから、監査役・監査等委員・監査委員にとってもそのあり方を検討しておくことは必須といえます。

> **補充原則3-2①**
> 　監査役会は、少なくとも下記の対応を行うべきである。
> (ⅰ)　外部会計監査人候補を適切に選定し外部会計監査人を適切に評価するための基準の策定
> (ⅱ)　外部会計監査人に求められる独立性と専門性を有しているか否かについての確認

> **補充原則3-2②**
> 　取締役会及び監査役会は、少なくとも下記の対応を行うべきである。
> (ⅰ)　高品質な監査を可能とする十分な監査時間の確保
> (ⅱ)　外部会計監査人からCEO・CFO等の経営陣幹部へのアクセス（面談等）の確保
> (ⅲ)　外部会計監査人と監査役（監査役会への出席を含む）、内部監査部門や社外取締役との十分な連携の確保

(ⅳ)　外部会計監査人が不正を発見し適切な対応を求めた場合や、不備・問題点を指摘した場合の会社側の対応体制の確立

　すでに述べたとおり、平成 26 年会社法改正においては、監査役（監査役会）が会計監査人の選任等の議案の決定権限を有するものとされました。上記補充原則 3-2 ①および 3-2 ②は会計監査人を評価するための基準、高品質な監査を行うための対応を求めるものです。

> 原則 4-11　取締役会・監査役会の実効性確保のための前提条件
> 　取締役会は、その役割・責務を実効的に果たすための知識・経験・能力を全体としてバランス良く備え、多様性と適正規模を両立させる形で構成されるべきである。また、監査役には、財務・会計に関する適切な知見を有している者が 1 名以上選任されるべきである。
> 　取締役会は、取締役会全体としての実効性に関する分析・評価を行うことなどにより、その機能の向上を図るべきである。

　事業報告において、「監査役、監査等委員又は監査委員が財務及び会計に関する相当程度の知見を有しているものであるときは、その事実」を記載することを求める等の手当てがすでにされています（施 121 条 9 号）。
　本原則は、監査役の中で財務・会計に関する適切な知見を有している者が 1 名以上選任されることを求めています。

> 補充原則 4-11 ②
> 　社外取締役・社外監査役をはじめ、取締役・監査役は、その役割・責務を適切に果たすために必要となる時間・労力を取締役・監査役の業務に振り向けるべきである。こうした観点から、例えば、取締役・監査役が他の上場会社の役員を兼任する場合には、その数は合理的な範囲にとどめるべきであり、上場会社は、その兼任状況を毎年開示すべきである。

　本補充原則は監査役が十分な時間・労力を監査役の業務に注力することを求め、他の上場会社の役員との兼任を合理的な範囲にとどめ、上場会社にその兼任状況を毎年開示することを求めています。

> 補充原則 4-13 ②
> 　取締役・監査役は、必要と考える場合には、会社の費用において外部の専門家の助言を得ることも考慮すべきである。

12 第1章 監査役・監査委員・監査等委員の意義と役割

監査役として業務を進める際には法律・会計・財務等のさまざまな知見が必要になる場合があり、外部専門家の助言を必要とする場面がたびたびあります。本補充原則は監査役に対してそのような選択肢も考慮することを求めるものであり、監査役は必要に応じて会社に対して外部専門家の助言を受けるための規程の整備等を求めるべきでしょう。

補充原則 4-13③

上場会社は、内部監査部門と取締役・監査役との連携を確保すべきである。また、上場会社は、例えば、社外取締役・社外監査役の指示を受けて会社の情報を適確に提供できるよう社内との連絡・調整にあたる者の選任など、社外取締役や社外監査役に必要な情報を適確に提供するための工夫を行うべきである。

本補充原則は、上場会社における組織的な監査の重要性に鑑み、上場会社に対し、監査役と内部監査部門との連携確保を求めるものです。監査役、監査等委員、監査委員として組織的監査体制の充実を上場会社に求めることも検討されるべきでしょう。

補充原則 4-14①

社外取締役・社外監査役を含む取締役・監査役は、就任の際には、会社の事業・財務・組織等に関する必要な知識を取得し、取締役・監査役に求められる役割と責務（法的責任を含む）を十分に理解する機会を得るべきであり、就任後においても、必要に応じ、これらを継続的に更新する機会を得るべきである。

本補充原則は監査役に対する就任前・就任後のトレーニングの機会が付与されることを求めています。そのトレーニングの内容としては、（特に社外監査役に対する）会社の事業・財務・組織等に関する必要な知識のほか、監査役の職務内容・権限・責任といった会社法制に関する知識、独占禁止法といった公的な法規制に関する知識等が考えられます。

実際に同コードを受けて作成された各上場会社のコーポレート・ガバナンス報告書を見ていくと、監査業務に関連しうるものとして以下の主要項目について整備が進められていることが散見され、具体的な進捗が確認されます。

コーポレートガバナンス報告書に見られる主要な運用の変化
① 関連当事者間の取引の監視の枠組み（原則 1-7）
② 内部通報体制（原則 2-5）

③　会計監査人との連携（補充原則 3-2 ①②）
④　監査役の財務・会計に関する適切な知見（原則 4-11）
⑤　社外監査役の兼任数の制限・開示（補充原則 4-11 ②）
⑥　専門家費用の会社負担（補充原則 4-13 ②）
⑦　内部監査部門との連携（補充原則 4-13 ③）
⑧　監査役のトレーニング（補充原則 4-14 ①）

Ⅲ　監査役監査基準の改正（平成 27 年 7 月 23 日）

　以下の原則 4-4 や補充原則 4-13 ①に象徴的に表れているように、コーポレートガバナンス・コードにおいて監査役の能動的・積極的な行動が求められています。

原則 4-4　監査役及び監査役会の役割・責務
　監査役及び監査役会は、取締役の職務の執行の監査、外部会計監査人の選解任や監査報酬に係る権限の行使などの役割・責務を果たすに当たって、株主に対する受託者責任を踏まえ、独立した客観的な立場において適切な判断を行うべきである。
　また、監査役及び監査役会に期待される重要な役割・責務には、業務監査・会計監査をはじめとするいわば「守りの機能」があるが、こうした機能を含め、その役割・責務を十分に果たすためには、自らの守備範囲を過度に狭く捉えることは適切でなく、能動的・積極的に権限を行使し、取締役会においてあるいは経営陣に対して適切に意見を述べるべきである。

補充原則 4-13 ①
　社外取締役を含む取締役は、透明・公正かつ迅速・果断な会社の意思決定に資するとの観点から、必要と考える場合には、会社に対して追加の情報提供を求めるべきである。また、社外監査役を含む監査役は、法令に基づく調査権限を行使することを含め、適切に情報入手を行うべきである。

　公益社団法人日本監査役協会（以下「日本監査役協会」といいます）は監査役監査の実務上のベストプラクティスとして監査役監査基準を公表しているところ、コーポレートガバナンス・コードを含むさまざまな環境変化に対応するため、平成 27 年 7 月 23 日付で同基準を改正しました。
　改正後の監査役監査基準は、法的義務を伴う規範と企業統治の観点から望ましい規範とが混在していること、後者においては各社の置かれている環境をふ

まえた適切な調整が必要となることを勘案し、各条項の規範性をレベル分けして規定している点が特徴的です。

内容面における主な改正点は、平成26年会社法改正を受け、会計監査人の選解任等議案の内容の決定、親会社等の利益相反取引に関する監査報告への意見記載、支配権の異動を伴う第三者割当等に関する意見表明、いわゆる多重代表訴訟に関する規定等を追加したこと、同コードをふまえ、努力義務事項、望ましい事項等を中心に規定を整備したことがあげられます。

本来監査役監査基準はベストプラクティスであり、その不遵守がただちに善管注意義務違反になるものではないことは当然ですが、「法定事項（Lv.1）」、「不遵守があった場合に、善管注意義務違反となる蓋然性が相当程度ある事項（Lv.2）」、「不遵守が直ちに善管注意義務違反となるわけではないが、不遵守の態様によっては善管注意義務違反を問われることがあり得る事項（Lv.3）」というように規範性をレベル分けしていることが今後の善管注意義務の解釈においてどのように作用していくのかは注目されるところです。

第2章 監査役と監査役会

1 監査役の資格・選任・終任・報酬等

Q1 監査役の資格

監査役になることができるのはどのような人ですか。また、実際には、どのような人が監査役になっていますか。

監査役になることができるのは、法335条1項で準用する法331条1項に定められた欠格事由のない者です。また、監査役は、就任する会社の取締役・使用人または子会社の取締役・会計参与・執行役・使用人と兼任することができませんし（法335条2項）、就任する会社およびその親会社の会計参与とも兼任することができません（法333条3項1号）。なお、非公開会社では、監査役は株主でなければならない旨を定款で定めることができます（法335条1項、331条2項ただし書）。

1 欠格事由

法335条1項で準用する法331条1項では、監査役の欠格事由として以下の事由を規定しています。

① 法人
② 成年被後見人もしくは被保佐人または外国の法令上これらと同様に取り扱われている者
③ 会社法もしくは「一般社団法人及び一般財団法人に関する法律」の規定に違反し、または金商法の一部の罰則や民事再生法等の倒産法の一部の罰則に関する罪を犯し、刑に処せられ、その執行を終わり、またはその執行を受けることがなくなった日から2年を経過しない者
④ 上記③に規定する法律の規定以外の法令の規定に違反し、禁錮以上の刑に処せられ、その執行を終わるまでまたはその執行を受けることがなくなるまでの者（刑の執行猶予中の者を除く）

これらの欠格事由に該当する人を監査役に選任することはできず、仮に株主総会で選任しても、決議内容が法令に違反するため当該株主総会決議は無効となります（法830条2項）。また、任期中の監査役が欠格事由に該当することになった場合、当該監査役は当然に監査役を退任することになります。

上記③の罪を犯した者については、罰金刑であっても欠格事由となり、また、時効が完成してからも2年間は欠格事由となります。これに対して、上記④の罪を犯した場合、罰金刑は欠格事由とならず、仮出獄中、刑の執行の停止中、逃走中で刑の時効完成前、執行猶予中は欠格者となりますが、執行猶予期間を満了したときは、刑の言渡しが効力を失いますので（刑法27条）、その時に欠格者でなくなります。

破産手続開始決定を受けたことは欠格事由として規定されていないため、過去に破産したことがある人でも監査役になることはできますが、任期中の監査役が破産手続開始決定を受けた場合には、委任契約の終了事由に該当しますので（民法653条2号）、当該監査役は当然に監査役を退任することになります。

2　兼任禁止

監査役は、監査の独立性を維持するために、監査役が所属する会社の業務執行に携わる職との兼任はできず、当該会社の子会社の業務執行に携わる職との兼任もすることができません（詳細は **Q2** 参照）。

また、監査役は会計参与が作成した計算書類を監査する立場にあるため、就任する会社の会計参与と兼任することはできません。なお、監査役が親会社の会計参与と兼任することができないのは、親会社の会計参与の独立性を確保するためと説明されています。

3　定款による資格限定

公開会社においては、経営と所有の分離の観点と、広く適材を求める観点から、監査役は株主でなければならない旨を定款で定めることはできません（法335条1項、331条2項）。しかし、非公開会社については、その閉鎖的な性格から監査役の資格について定款自治が広く認められており、定款に「当会社の監査役は、株主でなければならない」等と定めることで、監査役の資格を株主に限定することができます（法335条1項、331条2項ただし書）。

4　監査役の前職

日本監査役協会が平成27年に実施したアンケートの集計結果である「役員等の構成の変化などに関する第16回インターネット・アンケート集計結果（監査役（会）設置会社版）」によれば（日本監査役協会会員のうち、監査役設置会

社および監査役会設置会社 5818 社に対して、インターネット経由で実施された。有効回答数 3370 社、回答率 57.9% であった)、上場会社では、監査関係以外の部長等が監査役になる場合が 23.0% と最も多く、次いで執行役員 (18.7%)、取締役 (17.0%)、専務・常務 (14.7%) が監査役になる場合が多いようです (図表 2-1-1)。また、非上場会社でも、監査関係以外の部長等が監査役になる場合が 22.6% と最も多いという結果になっています (図表 2-1-2)。

図表 2-1-1　社内監査役の前職（上場会社）

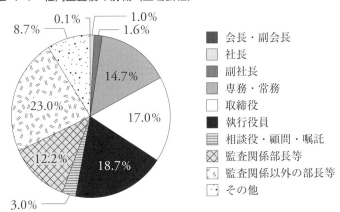

図表 2-1-2　社内監査役の前職（非上場会社）

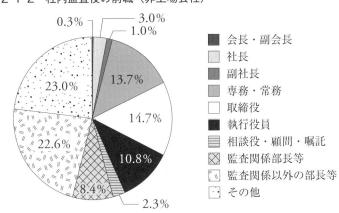

18　第2章　監査役と監査役会

Q2　兼任禁止

監査役は、自社または他社の役員または使用人を兼任することはできますか。監査役在任中に自分が取締役を務める会社が子会社化された場合はどうなりますか。

会社法は、監査役が所属する会社、その会社の親会社または子会社の一定の役職との兼任を禁止しています（法335条2項等）。会社法が監査役との兼任を禁止している役職を図表にまとめると以下のようになります。

図表2-2　監査役の兼任可否

		取締役	会計参与	執行役	監査役	使用人	会計監査人
①	所属会社の親会社	○	×	○	○	○	欠格事由*2
②	監査役を務める会社	×	×	—*1	—	×	欠格事由*2
③	所属会社の子会社	×	×	×	○	×	欠格事由*2

＊1　執行役が設置される指名委員会等設置会社では、監査役を設置できないため、兼任の可否の問題は生じません。
＊2　会計監査人は自己が役員を務める会社の監査証明業務を行ってはならないため（公認会計士法24条1項1号）、監査役に就任していることは会計監査人にとっての欠格事由となります（法337条3項1号）。また、子会社の監査役であることは同項2号により、また、親会社の監査役であることは同項1号により会計監査人の欠格事由とされています。

会社法の兼任禁止の規定は、欠格事由の規定のように当然に監査役としての地位を失わせるものではなく、監査役に対して他の役職に就任することを受諾することや、他の役職にある者に対して監査役への就任を受諾することを禁止するものです。したがって、兼任禁止の規定に違反して、監査役に選任されたとしても、その選任自体は有効であると考えられています。そして、子会社の取締役が取締役の職を辞任しないままに、その親会社の監査役に就任したとしても、兼任禁止規定によって当該監査役の地位を失うことにはならず、それゆえ、親会社の監査役としての監査は有効であると考えられています（相澤396頁）。ただし、親会社が子会社の取締役を自社の監査役に選任する場合、子会社の取締役には子会社の取締役を辞任することを暗に求めていると考えられますので、その者が子会社の取締役を辞任しなかった場合や事実上従前の地位を継続した場合は、監査役としての善管注意義務に違反することになると考えら

れます。

これに対して、親会社の監査役が子会社の取締役に選任されたような場合、親会社は、子会社の取締役選任決議の際に、子会社の取締役への就任を知りうる立場にあり、また、親会社の監査役が子会社の取締役への就任を承諾したことは、親会社の監査役の辞任の意思表示を含むとみなすべきであるとの考えから、子会社の取締役就任後に、その者が親会社の監査をした場合は、当該監査が無効となると考えられています（相澤397頁）。

なお、ある者が監査役に就任しているA社が、当該監査役が取締役に就任しているB社を子会社化した等、新たに他の役職に選任されることなく兼任禁止の規定に抵触することになった場合の法律関係については、監査役としての任務懈怠責任が問題になるにすぎないという見解もありますが、その監査役が兼任禁止規定に抵触したまま行った監査は無効との見解もありますので、実務上、当該監査役はいずれかの地位を速やかに辞任すべきであると考えられます。

Q3 監査役就任までの準備

監査役就任の内示を受けた場合、就任までの間にどのような準備をする必要がありますか。

監査役に就任すると会社の業務執行に関与することはできなくなりますので、現在の業務の引継ぎを進めるとともに、監査役に選任される株主総会の直後に開催される取締役会や監査役会、さらには株主総会直後から開始される監査に備えた準備をする必要があります。

1 現在の業務のすみやかな引継ぎ

監査役に就任した後に会社の業務の執行に関与した場合、監査役としての善管注意義務違反の問題が生じたり、場合によっては当該監査役が行った監査は無効になると考えられています。そのため、監査役の内示を受けた場合には、監査役就任後に現在の業務に関与することがないようすみやかに業務の引継ぎを行う必要があります。

2 取締役会や監査役会に向けた準備

監査役に選任される株主総会の直後に取締役会や監査役会が開催されることが多いため、それに向けて株主総会前に以下のような資料を入手して内容を確認する必要があります。

20 第2章 監査役と監査役会

① 定款、取締役会規則、監査役会規則、監査役監査基準、監査役監査実施要領、内部統制監査実施基準等の諸規程

② 株主総会招集通知（事業報告・計算書類・株主総会参考書類）

③ 株主総会後最初に開催される取締役会・監査役会の招集通知

　これらの資料の確認に加えて、現任監査役や現任常勤監査役と監査役スタッフや総務部門等に、会社の現状、今後の課題、事前に準備しておくべきことを確認することも有用と考えられます。

3　監査役の職務に必要な知識の習得

　さらに、監査役として必要な知識を身につけるためには、以下のような資料を入手して、手元に置いておくことも有用です。

【書籍】

・日本監査役協会「新任監査役ガイド〔第5版〕」(2011年9月29日)

・経営法友会会社法研究会編『監査役ガイドブック〔全訂第3版〕』(商事法務、2015年)

・経営法友会会社法研究会編『取締役ガイドブック〔全訂第3版〕』(商事法務、2015年)

・中村直人編著『監査役・監査委員ハンドブック』(商事法務、2015年)

【定期購読】

・日本監査役協会「月刊監査役」

・公益社団法人商事法務研究会「旬刊商事法務」

4　常勤監査役としての内示を受けた場合

　常勤監査役候補者としての内示を受けた場合や、現任常勤監査役が全員退任するような場合は、上記のような準備に加えて、次のような事項について、退任予定の常勤監査役から説明・引継ぎを受けるとともに、監査役スタッフや総務部門等と打合せをしておくことが必要となります（新任監査役ガイド24頁参照）。

① 監査役会監査計画、監査調書、監査報告、監査関係の基準・規則

② 会社の現状と潜在リスク、問題や事件の有無・対応状況、経営風土・トップの姿勢等

③ 代表取締役等・会計監査人・内部監査部門等・子会社監査役等との意思疎通の状況

④ 監査環境・監査遂行上の問題や今後の課題、監査役スタッフその他の状況

Q4 監査役の選任手続

監査役の選任手続を教えてください。

監査役は株主総会の選任決議を経て選任され、被選任者が就任を承諾することで選任の効力が生じますが、取締役が監査役の選任議案を株主総会に上程するためには、監査役（会）の同意が必要です。また、監査役は、株主総会において、監査役の選任について意見を述べることができるとされています。さらに、監査役の選任後は、監査役の氏名を登記する必要がありますし、上場会社では、株主総会において監査役の選任議案が決議された場合には、当該決議の結果等を臨時報告書で開示する必要があります。

1 監査役の選任議案への同意権等

取締役が監査役の選任に関する議案を株主総会に提出するには、監査役（監査役が2人以上の場合はその過半数、監査役会設置会社である場合には監査役会）の同意が必要とされています（法343条1項・3項）。会社法は、監査役にこのような同意権を与えることで、取締役側が自分たちの都合で監査役（会）の構成を勝手に変更できないようにし、監査役の取締役からの独立性の強化を図っています。

同様の趣旨から、監査役（監査役会設置会社である場合は監査役会）は、取締役に対して、監査役の増員のために監査役の選任を株主総会の目的とすることを請求することや、特定の人物の監査役選任議案を株主総会に付議するよう請求することができます（法343条2項）。これは、監査役に対して取締役の選任議案に対する拒否権を付与するだけでなく、さらに進んで監査役の選任に関するイニシアティブを与えたものです。

監査役（会）が監査役の選任議案を株主総会の目的とすることや、特定の人物の監査役選任議案を株主総会に付議するように請求したにもかかわらず、取締役が無視した場合、取締役は任務懈怠責任を負うとともに過料に処せられるとされています（法976条21号）。これに対して、監査役（会）の同意を得ずに監査役の選任決議がなされた場合は、株主総会の決議取消事由になるとした下級審判例があります。実務上は、監査役（会）の同意があったことの証拠を残すために、取締役会において株主総会の議案を決定する前に、監査役（会）に対して監査役選任議案についての同意を求め、監査役（会）がこれに同意する旨の書面を残すことが一般的です。

22 第2章 監査役と監査役会

なお、株主提案権の行使に基づいて監査役選任議案が株主総会に提出される
場合は、監査役（会）の同意は不要と解されています（コンメ(7)565頁〔山田
純子〕）。株主提案権の行使に基づく場合は、取締役による恣意的な監査役人事
を防止することで監査役の地位の強化を図るという法343条1項・3項の趣
旨があてはまらないからです。

2　株主総会参考書類等の記載事項

株主総会において書面による議決権行使または電磁的方法による議決権行使
が行われる場合、取締役は、株主総会招集通知とともに株主総会参考書類を交
付する必要があります（法301条）。そして、株主の数が1000人以上の会社
では、金商法に基づく委任状勧誘のための参考書類と委任状の用紙を交付しな
い限り、株主に対して書面による議決権行使を認める必要があります（法298
条2項、施64条）。そのため、株主の数が1000人以上の会社では、株主に対
して、委任状勧誘のための参考書類か株主総会参考書類を交付する必要があり
ます。

そして、監査役の選任議案を株主総会に提出する場合には、この委任状勧誘
のための参考書類または株主総会参考書類に以下の事項を記載しなければなり
ません（ただし、公開会社でない場合は、以下の①～⑥の記載で足ります）（施76
条1項・2項、委任状勧誘府令4条1項）。

① 候補者の氏名、生年月日および略歴
② 会社との間に特別の利害関係があるときは、その事実の概要
③ 就任の承諾を得ていないときは、その旨
④ 議案が法343条2項の規定による請求（上記1参照）により提出されたもの
　であるときは、その旨
⑤ 選任について監査役の意見（下記4参照）があるときは、その意見の内容の
　概要
⑥ 候補者と会社との間で責任限定契約を締結しているときまたは責任限定契約
　を締結する予定があるときは、その契約の内容の概要
⑦ 候補者の有する当該会社の株式の数（種類株式発行会社にあっては、株式の
　種類および種類ごとの数）
⑧ 候補者が当該会社の監査役に就任した場合において重要な兼職に該当する事
　実があることとなるときは、その事実
⑨ 候補者が現に当該会社の監査役であるときは、当該会社における地位

なお、立案担当官によれば、上記⑧の「重要な兼職」の判断時点は株主総会
参考書類の作成時点であるとされています（大野晃宏ほか「会社法施行規則、会

社計算規則等の一部を改正する省令の解説」商事法務 1862 号（2009 年）19 頁）。したがって、株主総会参考書類の作成時点では確定しておらず、予定にすぎない重要な兼職については記載の必要がなく、また、就任時まで、あるいは就任後間もなく当該兼職から離れることが明らかである場合には、「重要な兼職」として記載の必要はないということになります。

　公開会社であり、かつ、他の者の子会社等である場合は、上記の記載事項に加えて、以下のような事項も株主総会参考書類または委任状勧誘のための参考書類の記載事項とされています（施 76 条 3 項、委任状勧誘府令 4 条 2 項）。

---

⑩　候補者が現に当該他の者（自然人に限る）であるときは、その旨
⑪　候補者が現に親会社や兄弟会社の業務執行者であるときは、当該親会社や兄弟会社における地位および担当
⑫　候補者が過去 5 年間に親会社や兄弟会社の業務執行者であったことを会社が知っているときは、親会社や兄弟会社における地位および担当

3　株主総会における決議

　監査役選任議案の決議要件は普通決議と同じく、出席した株主の議決権の過半数（定款でそれを上回る割合を定めることも可能）で、定足数は、定款で何も定めていなければ議決権を行使することができる株主の議決権の過半数です（法 341 条）。もっとも、この定足数要件は、普通決議と異なり、定款をもってしても完全に排除することはできず、議決権を行使することができる株主の議決権の 3 分の 1 まで緩和することしかできません（同条）。そして上場会社を含め、多くの会社では、定款に「監査役の選任決議は、議決権を行使することができる株主の議決権の 3 分の 1 以上を有する株主が出席し、その議決権の過半数をもって行う。」という規定を設けて、定足数の緩和が行われています。

　なお、監査役候補者が株式を有していれば、自らの選任議案に対して議決権を行使することができると考えられていますので、定足数の要件の充足を判断するにあたっては、監査役候補者が有する株式を含めてカウントする必要があります。

4　監査役の意見陳述権

　監査役は、株主総会において、監査役の選任についての意見を述べることができるとされています（法 345 条 1 項・4 項）。具体的には、自らの再任、他の者の監査役としての選任について意見を述べることができます。また、述べることができる意見の内容に制限はないことから、監査役の選任議案が上程され

24 第2章 監査役と監査役会

ていない場合に、監査役を増員すべきであることについても意見を述べること
ができます（ハンドブック253頁）。

　監査役にこのような株主総会における意見陳述権を保障したのは、監査役の
選任議案に関する取締役（会）の決定に監査役の意向をより強く反映させるこ
とが目的です。このような監査役の意見陳述権を取締役が不当に拒絶した場合
は、株主総会の決議方法の法令違反として株主総会の決議取消事由になると解
されており（法831条1項1号）、実際にそのように判断した下級審判例もあ
ります。

5　登記・臨時報告書

　株主総会において監査役の選任議案が承認され、被選任者が就任を承諾した
場合に監査役選任の効力が生じます。そして、会社は、その効力が生じた時か
ら2週間以内に監査役の氏名を登記する必要があります（法911条3項17号
ロ、915条1項。詳細は**Q35**参照）。なお、任期満了により退任した監査役が再
度監査役に選任され、監査役に変更がない場合（再任の場合）でも、登記申請
をする必要があります。

　また、上場会社の場合は、株主総会において決議事項が決議されたときには、
以下の事項を記載した臨時報告書を財務局に提出しなければなりません（開示
府令19条2項9号の2）。

---

① 　当該株主総会が開催された年月日
② 　当該決議事項の内容
③ 　当該決議事項（役員の選任または解任に関する決議事項である場合は、当該
　　選任または解任の対象とする者ごとの決議事項）に対する賛成、反対および棄
　　権の意思の表示にかかる議決権の数、当該決議事項が可決されるための要件な
　　らびに当該決議の結果
④ 　上記③の議決権の数に株主総会に出席した株主の議決権の数の一部を加算し
　　なかった場合には、その理由

Q5　新任監査役

　定時株主総会で新たに監査役に選任された後、早期に実施すべきことがあれ
ば教えてください。

　定時株主総会で新たに監査役に選任された場合に早期に実施すべき内容は、
監査役会設置会社の場合と監査役会非設置会社の場合で異なり、常勤監査役に

選定されるか否かでも異なりますので、それぞれの場合に分けて説明します。

1 監査役会設置会社の場合

監査役会設置会社では、通常、定時株主総会直後に監査役会が開催され、監査役会議長の選定、常勤監査役の選定、監査役の報酬等の協議、特定監査役（特定取締役や会計監査人との間で監査報告についてやりとりする監査役をいいます。詳細はQ73参照）の選定、特別監査役（法373条により取締役会が特別取締役による取締役会を設けた場合に、特別取締役による取締役会に出席する監査役をいいます）の選定、監査計画の策定・見直し等が行われます。新たに監査役に選任された人は、この監査役会で会社と監査業務の全体像を頭に入れた上で、やるべき事項に優先順位をつけ、優先度が高いものから順次取り組んでいくことになります。

また、監査役に就任後、早期に実施すべき事項としては、常勤監査役に以下のような事項を確認することが考えられます（新任監査役ガイド26頁参照）。

① 本年度および過年度の監査計画、監査調書、監査報告その他の関係書類
② 会社の現状と潜在リスク、問題や事件の有無・対応状況、経営風土、トップの姿勢等
③ 代表取締役等・会計監査人・内部監査部門等・子会社監査役との意思疎通の状況
④ 監査環境・監査遂行上の問題や今後の課題、監査役スタッフその他の状況
⑤ 取締役会・監査役会・株主総会その他自身が出席しなければならない会議の日程

なお、監査役選任前までに以下のようなものについて確認していなかった場合は、監査役就任後早期に以下の内容を確認する必要があります。

① 定款・取締役会規則その他重要な規程
② 監査役会規則・監査役監査基準・監査役監査実施要領・内部統制監査実施基準

最初の監査役会が終われば、いよいよ監査役としての監査が始まることになります。会計監査人設置会社であれば、監査役の監査は業務監査が中心になりますので、監査スタッフとの間で内部統制体制を再度確認するとともに、必要に応じて主要な部門や事業所を視察する等して会社の現状の把握に努めることになります。また、日本監査役協会では、毎年7月に「新任監査役説明会」が開催されますので、これに参加したり、その他の日本監査役協会の活動や各

26　第2章　監査役と監査役会

種の研修会に参加することで、監査役の職務に必要な知識の習得に努めていくことになります。

2　監査役会設置会社で常勤監査役に選定された場合

　監査役会設置会社で常勤監査役に選定されることになった場合は、最初の監査役会までに前任の常勤監査役から上記1に記載したような内容について確認し、説明を受けることが必要です。

　また、最初の監査役会後は、さっそく常勤監査役として、主体的に監査を実施していくことになります。その際には、まず次のような事項を実施することになります（新任監査役ガイド26頁参照）。

① 株主総会議事録の内容が法令に合致しているかの確認
② 会社に備え置くことが義務づけられている書類が備え置かれているかの確認
③ 登記・届出・開示すべきとされている事項が実施されているかの確認
④ 会社の全体像を把握するため、組織図、規程集、役員経歴書、関係会社一覧、労使協定、中長期経営計画、年度計画、予算その他の資料の入手
⑤ 会計監査人と監査計画、監査契約、監査報酬、第1四半期レビュー等についての協議

3　監査役会非設置会社の場合

　監査役会非設置会社の監査役の場合、最初に実施すべき事項は上記2の監査役会設置会社の常勤監査役の場合と同じです。ただし、監査役会非設置会社には会計監査人が設置されていない場合が多く、その場合は、上記2の会計監査人との協議は不要となります。

Q6　社外監査役の資格

　社外監査役になることができるのはどのような人ですか。また、実際には、どのような人が社外監査役になっていますか。

　社外監査役となることができる人は、次のいずれの要件も満たす人です（法2条16号）。

① その就任の前10年間当該会社またはその子会社の取締役、会計参与（会計参与が法人であるときは、その職務を行うべき社員。②において同じ）もしくは執行役または支配人その他の使用人であったことがないこと
② その就任の前10年内のいずれかの時において当該会社またはその子会社の監

> 査役であったことがある者にあっては、当該監査役への就任の前10年間当該会社またはその子会社の取締役、会計参与もしくは執行役または支配人その他の使用人であったことがないこと
> ③ 当該会社の親会社等（自然人であるものに限る）または親会社等の取締役、監査役もしくは執行役もしくは支配人その他の使用人でないこと
> ④ 当該会社の親会社等の子会社等（当該株式会社およびその子会社を除く）の業務執行取締役等でないこと
> ⑤ 当該会社の取締役もしくは支配人その他の重要な使用人または親会社等（自然人であるものに限る）の配偶者または二親等内の親族でないこと

　まず、①の要件で、就任前10年以内に当該会社またはその子会社の取締役、会計参与もしくは執行役または支配人その他の使用人であった者は社外監査役になれないことになります。

　他方、②の要件で、就任前10年以内に、当該会社またはその子会社の監査役であった者は、その監査役への就任前10年以内に、当該会社またはその子会社の取締役、会計参与、執行役または支配人その他の使用人であった場合に限り、当該会社の社外監査役になれないとされています。たとえば、下の具体例のように、平成8年6月28日までその会社の取締役を務め、その後平成15年6月24日まではその会社の何らの役職にも就いておらず、雇用関係もなかった者が、平成15年6月25日から平成19年6月27日まで、その会社の監査役を務めていたという事例では、平成28年6月の定時株主総会を基準にすると、その者はその定時株主総会の前10年内に監査役を務めており、その監査役の就任前10年内に当該会社の取締役になっていることから、上記②の要件を満たさず、社外監査役にはなれないということになります。

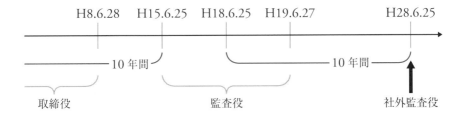

　次に、③の要件では、自然人である支配株主や親会社の取締役、監査役もしくは執行役もしくは支配人その他の使用人は社外監査役になれないとし、④の要件では、いわゆる兄弟会社の業務執行取締役等（業務執行取締役、執行役また

は支配人その他の使用人）も社外監査役になれないとしています。ここでいう「兄弟会社」の範囲は図表2-6-1のとおりであり、たとえば、A株式会社にとってのD株式会社は、身分関係でいえば「兄弟」ではなく「甥」か「姪」ですが、④の要件である「親会社等の子会社等」に該当します。したがって、D株式会社の業務執行取締役等は、A株式会社の社外監査役とはなれません。

図表2-6-1 「兄弟会社」の範囲

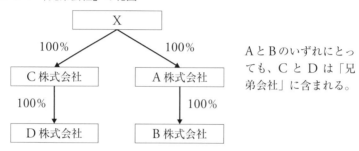

　最後の⑤の要件は、会社の取締役等や重要な使用人の近親者（配偶者または二親等内の親族）、あるいは支配株主の近親者も社外監査役とはなれないものとしています。「二親等内の親族」には、自分と配偶者の父母、祖父母、子とその配偶者、孫とその配偶者、自分の兄弟姉妹およびその配偶者、配偶者の兄弟姉妹が含まれます。

　以上のような社外監査役の要件をフローチャートにまとめると、次ページの図表2-6-2のようになります。

　日本監査役協会が平成27年に実施したアンケートの集計結果である「役員等の構成の変化などに関する第16回インターネット・アンケート集計結果（監査役（会）設置会社版）」によれば、上場会社では、社外監査役の前職または現職としては、公認会計士・税理士が22.6％と最も多く、次いで21.9％が弁護士となっています（図表2-6-3）。他方、非上場会社では、親会社の役職員が34.9％と最も多いという結果になっています（図表2-6-4）。

1 監査役の資格・選任・終任・報酬等 Q6

図表 2-6-2 社外監査役の要件フローチャート

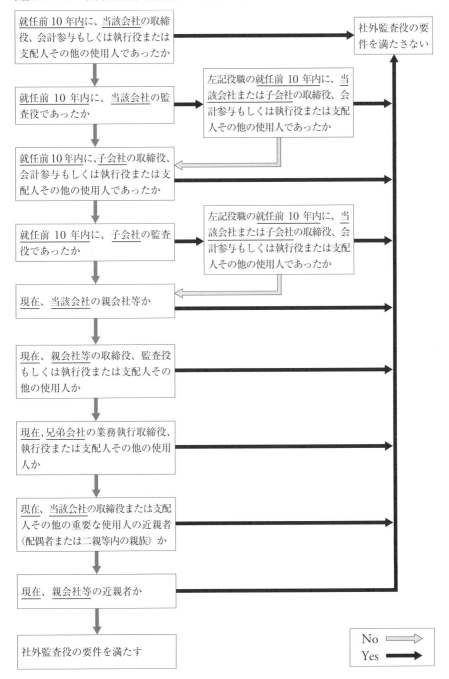

図表 2-6-3　社外監査役の前職または現職（上場会社）

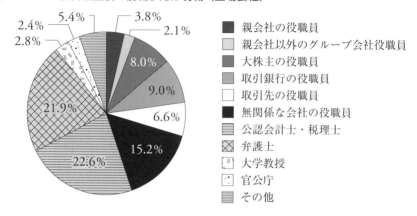

図表 2-6-4　社外監査役の前職または現職（非上場会社）

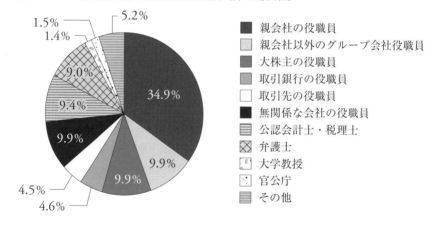

Q7　社外監査役の選任手続

社外監査役の選任手続は、通常の監査役の選任手続と同じですか。異なる点があれば教えてください。

社外監査役の選任のための決議要件等は通常の監査役と同じですが、株主総会参考書類の記載事項は、通常の監査役選任議案の記載事項に加え、株主が社外監査役としての適格性を判断できるように大幅に記載事項が追加されています。また、事業報告や有価証券報告書でも、通常の監査役に比べ、社外監査役

については、大幅に記載事項が追加されています。

1　株主総会参考書類等の記載事項

　取締役が社外監査役の選任議案を株主総会に提出する際に、株主総会参考書類または委任状勧誘のための参考書類を交付する必要がある場合（詳細はQ4参照）、それらの書類には、通常の監査役選任議案の記載事項に加え、社外監査役候補者について、以下の事項を記載しなければならないとされています（ただし、非公開会社の場合は③〜⑦の記載は不要です）（施76条4項、委任状勧誘府令4条3項）。

① 当該候補者が社外監査役候補者である旨
② 当該候補者を社外監査役候補者とした理由
③ 当該候補者が再任候補者である場合において、当該候補者が最後に選任された後在任中に当該会社において法令または定款に違反する事実その他不正な業務の執行が行われた事実（重要でないものを除く）があるときは、その事実ならびに当該事実の発生の予防のために当該候補者が行った行為および当該事実の発生後の対応として行った行為の概要
④ 当該候補者が過去5年間に他の株式会社の取締役、執行役または監査役に就任していた場合において、その在任中に当該他の株式会社において法令または定款に違反する事実その他不正な業務の執行が行われた事実があることを当該会社が知っているときは、その事実（重要でないものを除き、当該候補者が当該他の株式会社における社外取締役または監査役であったときは、当該事実の発生の予防のために当該候補者が行った行為および当該事実の発生後の対応として行った行為の概要を含む）
⑤ 当該候補者が過去に社外取締役または社外監査役となること以外の方法で会社の経営に関与していない者であるときは、当該経営に関与したことがない候補者であっても社外監査役としての職務を適切に遂行することができるものと当該株式会社が判断した理由
⑥ 当該候補者が次のいずれかに該当することを当該会社が知っているときは、その旨
　　㋑ 過去に当該会社またはその子会社の業務執行者または役員であったことがあること
　　㋺ 当該会社の親会社等（自然人に限る）であり、または過去5年間に当該会社の親会社等（自然人に限る）であったことがあること
　　㋩ 当該会社の特定関係事業者の業務執行者もしくは役員であり、または過去5年間に当該会社の特定関係事業者（当該会社の子会社を除く）の業務執行者もしくは役員であったことがあること
　　㋥ 当該会社または当該会社の特定関係事業者から多額の金銭その他の財産（これらの者の監査役としての報酬等を除く）を受ける予定があり、または過去2年間に受けていたこと

ホ　次に掲げる者の配偶者、三親等以内の親族その他これに準ずる者であること（重要でないものを除く）
　　　(1)　当該会社の親会社等（自然人に限る）
　　　(2)　当該会社または当該会社の特定関係事業者の業務執行者または役員
　　ヘ　過去2年間に合併等により他の株式会社がその事業に関して有する権利義務を当該会社が承継または譲受けをした場合において、当該合併等の直前に当該会社の社外監査役でなく、かつ、当該他の株式会社の業務執行者であったこと
　⑦　当該候補者が再任候補者であるときは、監査役に就任してからの年数
　⑧　前各号に掲げる事項に関する記載についての当該候補者の意見があるときは、その意見の内容

　なお、上記の「特定関係事業者」とは、①親会社等がある場合は、当該親会社等ならびに当該親会社等の子会社等および関連会社（親会社等が会社でない場合におけるその関連会社に相当するものを含む）、親会社等がない場合は、当該会社の子会社および関連会社、ならびに②主要な取引先である者をいいます（施2条3項19号）。また、「合併等」とは、合併、吸収分割、新設分割または事業の譲受けを意味します（施74条4項6号ヘ）。
　立案担当官によれば、上記⑥の記載事項は、社外監査役の要件をふまえて株主に開示することが適切と考えられる社外監査役候補者の属性情報を株主総会参考書類の記載事項としているものです。

2　事業報告・有価証券報告書の記載事項

　公開会社では、事業報告において、通常の監査役の記載事項（施121条各号）に加えて、社外監査役について、次のような事項も記載する必要があります（施124条）。

　①　社外監査役に重要な兼職がある場合は、当該会社と兼職先との関係
　②　社外監査役が次に掲げる者の配偶者、三親等以内の親族その他これに準ずる者であることを当該会社が知っているときは、その事実（重要でないものを除く）
　　イ　当該会社の親会社等（自然人に限る）
　　ロ　当該会社または当該会社の特定関係事業者の業務執行者または役員
　③　次に掲げる事項を含む各社外監査役の当該事業年度における主な活動状況
　　イ　取締役会および監査役会への出席の状況
　　ロ　取締役会および監査役会における発言の状況
　　ハ　当該社外監査役の意見により当該会社の事業の方針または事業その他の事項にかかる決定が変更されたときは、その内容（重要でないものを除く）
　　ニ　当該事業年度中に当該会社において不正な業務の執行が行われた事実（重

要でないものを除く）があるときは、各社外監査役が当該事実の発生の予防のために行った行為および当該事実の発生後の対応として行った行為の概要

④ 当該事業年度にかかる社外監査役の報酬等に関する事項

⑤ 当該事業年度において受け、または受ける見込みの額が明らかとなった社外監査役の報酬等（④で当該事業年度にかかる事業報告の内容とする報酬等および前事業年度にかかる事業報告の内容とした報酬等を除く）に関する事項

⑥ 社外監査役に就任している会社に親会社等がある場合は、社外監査役が当該親会社等または兄弟会社から当該事業年度において役員として支払いを受けた報酬等の総額（親会社等がない場合は、社外監査役に就任している会社の子会社から当該事業年度において役員として支払いを受けた報酬等の総額）（いずれの場合も社外監査役であった期間に支払いを受けたものに限る）

⑦ 前各号に掲げる事項の内容に対して当該社外監査役の意見があるときは、その意見の内容

また、有価証券報告書では、「コーポレート・ガバナンスの状況」欄において、社外監査役に関する事項として、次のような事項を記載する必要があります（開示府令第三号様式記載上の注意(37)・第二号様式記載上の注意(57) a (c)）。

① 社外監査役の員数ならびに各社外監査役につき、会社との人的関係、資本的関係または取引関係その他の利害関係

② 当該社外監査役が会社の企業統治において果たす機能および役割

③ 当該社外監査役を選任するための提出会社からの独立性に関する基準または方針の内容（これらの基準または方針がない場合は、その旨）

④ 当該社外監査役の選任状況に関する会社の考え方

⑤ 当該社外監査役による監督または監査と内部監査、監査役監査および会計監査との相互連携ならびに内部統制部門との関係

なお、有価証券報告書を提出する会社において、社外取締役または社外監査役を選任していない場合は、有価証券報告書の「コーポレート・ガバナンスの状況」欄において、その旨およびそれに代わる社内体制および当該社内体制を採用する理由を具体的に記載する必要があります（開示府令第三号様式記載上の注意(37)・第二号様式記載上の注意(57) a (c)）。

34 第2章 監査役と監査役会

Q8 社外性要件が欠如した場合

社外監査役として選任された者が事後的に社外性の要件を満たさなくなった場合は、どうなりますか。

社外監査役として選任された者が、社外性の要件を満たさないことになった場合、その者は社外監査役ではないことになります。その結果、その者以外の社外監査役だけでは監査役の半数以上が社外監査役という法定の員数を満たさないことになる場合、新たに社外監査役を選任するか、社外監査役の補欠監査役が選任されていれば、その補欠監査役が監査役に就任することになります。

なお、期中の一時期に社外監査役が法定の員数に欠けていたものの、その後に社外監査役が選任されて、監査報告書を作成する監査役会の段階では法令および定款に定める社外監査役の員数を満たしていた場合には、その事業年度の監査の効力に影響はなく、監査報告は適法であると解されています（ハンドブック345頁）。

他方、社外監査役が監査役の半数未満の状態が長期間にわたり継続し、法定の員数を満たした状態での監査報告の作成ができない場合には、適法な監査が行われなかったことになります。その場合、当該会社の計算書類は、株主総会の承認を受けたとしても、適法な監査がなかったため、この株主総会の承認決議には、その招集の手続または決議の方法に法令違反があるものとして、取消事由（法831条1項1号）があることになります。こういった事態を避けるため、社外監査役として選任された者が社外性の要件を満たさないことになった場合は、遅滞なく新たな社外監査役を選任するか、それが難しい場合には、法令または定款で定めた監査役の数が欠けた場合として、一時監査役の選任を裁判所に申し立てる必要があります（法346条2項）。

なお、補欠の社外監査役として選任された者が、就任前に社外性の要件を喪失した場合や、選任当初から社外性の要件を満たしていなかった場合でも、当然に補欠監査役としての地位を失うわけではないとされています（ハンドブック345頁）。そのため、もし補欠監査役の選任決議の際に、その選任の取消しを行うための手続を決議していれば、その手続に従って補欠監査役の選任決議を取り消す必要があります。

Q9　常勤監査役の資格

　常勤監査役になることができるのはどのような人ですか。

　監査役会は、監査役の中から常勤監査役を選定しなければならないとされています（法390条3項）。

　かつては監査役の職務態勢についての定めがなかったために、監査役のすべてが非常勤で期中監査が形骸化している場合もあったために、大会社における監査役監査の実効性確保の観点から、会社の営業時間中に常時監査する態勢を確保するため、この常勤監査役制度が導入されました。

　常勤監査役の選定は監査役会の決議によって行われるとされているため、その選定には、監査役の過半数の賛成が必要になります（法393条1項）。いったん常勤監査役に選定された者は、定款または監査役会において特別な定めがなく、または、監査役会による解職の決議がなされない限り、その監査役の任期中は常勤監査役であり続けることになります。つまり、途中で新しい監査役が選任され、監査役会のメンバーが変わった場合でも、あらためて常勤監査役の選定をし直す必要はありません。

　なお、常勤監査役の数に上限はなく、監査役全員を常勤監査役に選定することも可能です。日本監査役協会が平成27年に実施したアンケートの集計結果である「役員等の構成の変化などに関する第16回インターネット・アンケート集計結果（監査役（会）設置会社版）」によれば、監査役会設置会社における監査役の人数の平均は3.58人で、常勤監査役の人数の平均は1.41人となっています。

　会社法には常勤監査役の定義や資格を定めた規定はなく、通説は、常勤監査役は会社の営業時間中原則としてその会社の監査役の職務に専念していることを要すると解しています（江頭531頁）。したがって、常勤監査役となることができる人は、営業時間中原則としてその会社の監査役の職務に専念することができる人ということになり、この通説的見解からは、常勤監査役は、他の会社の常勤監査役を兼務できないことになります。

　これに対しては、会社の規模や業態等により、子会社や関連会社の常勤監査役の兼任等、他の会社の常勤職を有することが許されないわけではないとの見解もあります（コンメ(8)472頁〔森本滋〕）。

　なお、常勤監査役に選定された者の勤務状態が実際に常勤といえないような

36 第2章 監査役と監査役会

場合でも、監査役の善管注意義務違反の問題が生じるだけで、その常勤監査役の選定が無効となるわけではないと考えられています（江頭531頁）。そのため、常勤監査役に選定された者の勤務状態が常勤に値しないことが判明した場合に、それだけでは常勤監査役に欠員が生じているとはいえませんが、監査役に善管注意義務違反が生じている状態は好ましくありませんので、すみやかに別の監査役を常勤監査役に選定し直す等の措置を講じる必要があります。

Q10　常勤監査役に欠員が生じた場合

常勤監査役に欠員が生じた場合は、どのように対応すればよいですか。

　常勤監査役を務めていた者が死亡等により監査役を退任することになり、監査役会設置会社で常勤監査役を欠く状態になった場合は、残った監査役の中から遅滞なく、新たに常勤監査役を選定しなければならず、このような常勤監査役の選定を怠った場合、監査役は過料に処せられるとされています（法976条24号）。

　もっとも、残った監査役が非常勤であることを前提に監査役を引き受けており、残った監査役の中からは常勤監査役を選定することができないという事態も考えられます。こういった事態に備えて、当該常勤監査役の補欠として補欠監査役を選任しておくことも1つの方策として考えられますが、4人の監査役がいて、そのうち1人が常勤監査役であったという場合、その常勤監査役が欠けても補欠監査役の監査役への就任の条件である法定の員数（監査役3人以上）が欠けた場合に該当しないため、常勤監査役の補欠として補欠監査役に選任されていた者は監査役に就任できません。そのため、このような場合は、残った監査役3人のうち1人が辞任して法定の員数である監査役3人に満たない状態を創り出して補欠監査役を監査役に就任させるか、あるいは株主総会を開催して常勤監査役に選定される予定の監査役を新たに選任しなければならないことになります。

　しかし、上場会社等ではすぐに株主総会を開催できないことも想定されるため、このような場合に、常勤監査役を務める一時監査役の選任を裁判所に求めることができるかが問題になります。この点については、一部の監査役が辞任する等して会社法または定款で定める監査役の員数が欠ける状態を創り出した上で、裁判所に常勤監査役を務めることができる一時監査役の選任を求めるべきという見解と、会社法または定款で定める監査役の員数が欠ける状態を創り出さな

くても、残った監査役で常勤監査役を選定することが困難な事情がある場合には、一時監査役の選任が可能であるという見解がありますが、後者の見解にそって一時監査役の選任が認められた事例もあります（田中伸一郎＝外村玲子「常勤監査役が欠けた場合において、監査役全体の員数を欠いていない場合であっても、一時監査役選任申請が認められた事例」月刊監査役552号（2009年）70頁）。

なお、常勤監査役を欠いたまま監査役会の監査報告が作成された場合でも、監査手続が違法になるわけではないため監査報告の効力に影響はなく、監査役の責任が問題になるにすぎないという見解が有力です（コンメ⑻476頁〔森本滋〕）。

Q11　独立監査役

独立監査役とは何ですか。独立監査役になることができるのはどのような人ですか。

東京証券取引所が、東京証券取引所に上場する会社に対して、独立役員として、一般株主と利益相反が生じるおそれのない社外取締役または社外監査役を1名以上確保することを義務づけており（上場規程436条の2）、この一般株主と利益相反が生じるおそれのない社外監査役を一般に独立監査役と呼んでいます。東京証券取引所に上場する会社は、このような独立役員を確保し、東京証券取引所に独立役員届出書を提出することが義務づけられています（上場規程施行規則436条の2）。

なお、東京証券取引所が一般株主と利益相反の生じるおそれがあると判断する場合の判断要素（独立性基準）としているものは以下のようなものですが（上場管理等に関するガイドラインⅢ5.⑶の2）、コーポレートガバナンス・コードでは、「取締役会は、金融商品取引所が定める独立性基準を踏まえ、独立社外取締役となる者の独立性をその実質面において担保することに主眼を置いた独立性判断基準を策定・開示すべきである。」（原則4-9）としているため、これを受けて、社外取締役だけでなく社外監査役についても独自の独立性基準を定めている上場会社も多くあります。

東京証券取引所が定める独立性基準（上場管理等に関するガイドラインⅢ5.⑶の2）
①　当該会社を主要な取引先とする者もしくはその業務執行者または当該会社の主要な取引先もしくはその業務執行者
②　当該会社から役員報酬以外に多額の金銭その他の財産を得ているコンサルタ

ント、会計専門家または法律専門家（当該財産を得ている者が法人、組合等の団体である場合は、当該団体に所属する者をいう）

③　最近において次の(a)から(c)までのいずれかに該当していた者

(a)　①または②に掲げる者

(b)　当該会社の親会社の業務執行者（業務執行者でない取締役を含み、社外監査役を独立役員として指定する場合にあっては、監査役を含む）

(c)　当該会社の兄弟会社の業務執行者

④　次の(a)から(f)までのいずれかに掲げる者（重要でない者を除く）の近親者

(a)　①から③までに掲げる者

(b)　当該会社の会計参与（社外監査役を独立役員として指定する場合に限る。当該会計参与が法人である場合は、その職務を行うべき社員を含む。以下同じ）

(c)　当該会社の子会社の業務執行者（社外監査役を独立役員として指定する場合にあっては、業務執行者でない取締役または会計参与を含む）

(d)　当該会社の親会社の業務執行者（業務執行者でない取締役を含み、社外監査役を独立役員として指定する場合にあっては、監査役を含む）

(e)　当該会社の兄弟会社の業務執行者

(f)　最近において(b)、(c)または当該会社の業務執行者（社外監査役を独立役員として指定する場合にあっては、業務執行者でない取締役）に該当していた者

Q12　未就任期間の監査

定時株主総会まで取締役だった者が取締役を退任すると同時にその定時株主総会で監査役に選任された場合、その監査役は、定時株主総会までの間に取締役として業務執行をしていた期間についても監査ができますか。そのような場合、定時株主総会までの期間の監査は、どのようにすればよいのですか。

定時株主総会は事業年度の途中で開催されますので（3月決算の会社であれば、定時株主総会は通常6月に開催されます）、事業年度の途中まで取締役であった者が監査役に就任するということがありえます（いわゆる「横すべり監査役」）。このような場合、取締役から監査役になった者は、事業年度が開始してから定時株主総会までの間の自己が取締役であった期間についても監査役として監査をすることになりますが、判例では、定時株主総会の前まで取締役であった者が監査役に選任することは可能であり、そのような監査役が未就任期間について監査することは許容されるとされています。すなわち、法335条2項は、

監査役の独立性を維持するために、監査役が会社の業務執行に携わる者との兼任を禁止していますが、横すべり監査役は同条項に違反しないとされています。

そして、新たに監査役に選任された者は、その事業年度の期間のうち自らが監査役に就任していなかった期間についても、前任者から前任者の監査の結果を引き継いだり、前任者の監査証跡の閲覧、引き続き在任している他の監査役からの説明聴取、取締役・使用人・会計監査人等からの報告聴取、重要書類の閲覧等、監査役の報告徴求権や調査権（法381条2項）を行使することにより監査を行うことになります。

Q13 監査役の任期

監査役の任期はいつまでですか。任期を短縮したり、延長したりすることはできますか。

監査役の任期は、選任後4年以内に終了する事業年度のうち最終のものに関する定時株主総会の終結の時までです（法336条1項）。

これは、①定時株主総会で監査役に選任された監査役の任期は、その4年後の定時株主総会が終結する時までであり、②事業年度末日後定時株主総会までの間に開催された臨時株主総会で選任された監査役の任期は、選任後5回目の定時株主総会の終結の時までであり、③定時株主総会終了後事業年度末日までの間の臨時株主総会で選任された監査役の任期は、選任後4回目の定時株主総会の終結の時までであることを意味します。4月から翌年3月までを事業年度としている会社で考えると、下の図表2-13のとおり、平成28年4月から平成29年3月までの間に選任された監査役の任期は、平成32年6月の定時株主総会終結の時までとなります。

図表2-13　監査役の任期

なお、任期の始期が「選任」時になっているのは、就任承諾のタイミングによって任期の終期が変わることを避けるためです。

取締役の任期は、原則として2年とされているのに対し、監査役の任期が4年とされているのは、監査役の地位を長期間にわたって保障することにより、監査役の独立性を確保するためです。このような監査役の独立性確保という観点から、監査役については定款の定めを設けることで任期を短縮することはできませんし、株主総会の決議や監査役間の合意によって任期を短縮することもできません。

また、定款で定めを設けることで監査役の任期を4年以上に延長することもできません。なぜなら、任期が長くなると経営者との馴合いの危険をはらむことから、会社法はそのような点も考慮して監査役の任期を4年と定めているからです。ただし、非公開会社においては、定款に定めを設けることで、監査役の任期を選任後10年以内に終了する事業年度のうち最終のものに関する定時株主総会終結の時までとすることができるとされています（法336条2項）。これは、非公開会社においては、株主の変動が少なく、株主に対して監査役の信任を頻繁に問う必要性は乏しいと考えられるために、非公開会社に限って例外を認めたものです。

上記のとおり、監査役の任期は定款によっても短縮することはできませんが、任期の満了前に退任した監査役の補欠として選任された監査役の任期については、定款に「任期の満了前に退任した監査役の補欠として選任された監査役の任期は、退任した監査役の任期の満了する時までとする。」といった規定を定めることによって、任期の満了前に退任した監査役の任期の満了する時までとすることができます（法336条3項）。これは、全監査役について同じ時に改選決議をしている会社において、補欠監査役の就任により、一部の監査役について監査役の改選時期が異なってくることを防止するために認められているものです。なお、取締役については、増員のために選任された取締役についても他の取締役と退任時期を同一とするために、定款で、増員のために選任された取締役の任期を在任する取締役の任期満了までと定めることが認められていますが、監査役については、そのような定款の規定を設けることはできません。

Q14　一時監査役（仮監査役）

監査役の員数が欠けた場合の対応方法である一時監査役（仮監査役）の選任

1　監査役の資格・選任・終任・報酬等　Q14　41

手続を教えてください。また、**監査役の員数が欠けた場合に備えて、あらかじ
め講じておくことができる措置はありますか。**

　監査役が1名しかいない会社で監査役が欠けた場合や、会社法もしくは定
款で定めた監査役の員数が欠けた場合、任期の満了または辞任により退任した
監査役は、新たに選任された監査役が就任するまで、なお監査役としての権利
義務を有するとされています（法346条1項）。このように、任期の満了また
は辞任により監査役が退任した場合でも、それにより監査役が欠けることにな
る場合や会社法もしくは定款で定めた監査役の員数を欠くことになる場合に、
新たに選任された監査役が就任するまで、引き続き監査役としての資格を継続
する監査役のことを一般に「権利義務監査役」と呼びます。そして、判例にお
いて、権利義務監査役は、新たに選任された後任者が就任するまで退任の登記
をすることができないとされています。

　しかし、監査役が解任された場合や欠格事由に該当することになった場合、
監査役が死亡したことにより退任することになった場合には、この法346条
1項の適用はありません。また、退任監査役が行方不明になる等して権利義務
監査役としての権利義務を適切に行使することが期待できないような場合もあ
りえます。このような場合、裁判所が、利害関係人からの申立てにより、必要
があると認めるときは、一時的に監査役としての職務を行う一時監査役（一般
には「仮監査役」と呼ばれます）を選任するという制度があります（同条2項）。
この一時監査役の選任を申し立てることができる利害関係人とは、株主、取締
役、監査役、会計監査人、従業員、債権者等であり、会社自身には申立権がな
いとされています（東京地方裁判所商事研究会編『類型別会社非訟』（判例タイム
ズ社、2009年）30頁）。また、必要があると認められる場合としては、定時株
主総会まで間がなく、正規の手続を経て監査役を選任することができないよう
な場合や、株主数が多い等の事情により監査役選任のための臨時株主総会開催
がコストの面で困難であるような場合、権利義務監査役が職務を遂行しないた
めに監査役選任議案についての監査役の同意を得ることが困難であるような場
合が考えられます（同33頁）。

　一時監査役の選任については、監査役会設置会社において社外監査役が半数
未満となったような場合にも適用があります。常勤監査役を欠くことになった
場合に一時監査役の選任が認められるかについては争いがありますが、常勤監
査役としての一時監査役の選任がなされた事例もあります（田中伸一郎＝外村

玲子「常勤監査役が欠けた場合において、監査役全体の員数を欠いていない場合であっても、一時監査役選任申請が認められた事例」月刊監査役552号（2009年）70頁）。

裁判所は、一時監査役を選任した場合には、会社がその者に対して支払う報酬の額を定めます（法346条3項）。また、一時監査役が選任された場合は、裁判所書記官が職権によって登記の嘱託を行います（法937条2項イ）。一時監査役は裁判所から選任されますが、会社に対して善管注意義務を負うなど、その責任および権限は、本来の監査役と同じです。

もっとも、実務上、上場会社においてこのような一時監査役の選任の申立てがなされることはきわめて稀であり、一時監査役の選任を申し立てざるをえない事態を回避するために、補欠監査役（詳細は**Q15**参照）の選任を行っているのが一般的です。

Q15　補欠監査役の選任手続

補欠監査役の選任手続を教えてください。

「補欠監査役」という言葉には2種類の意味があり、①監査役の退任前にその補欠としてあらかじめ選任された者（補欠として予選された者）を意味する場合と、②ある監査役が退任した後にその補欠として選任された監査役を意味する場合とがあります。本問で説明する補欠監査役は、上記①の意味の補欠監査役の選任手続についてです。

なお、補欠監査役は登記事項ではないため、補欠監査役を選任した場合でも、当該補欠監査役が実際に監査役に就任するまで登記申請の必要はありません。

1　補欠監査役を選任できる場合

法329条3項は、会社法もしくは定款で定めた監査役の員数を欠くことになる場合または監査役が欠けた場合に備えて補欠の監査役を選任することができるとしています。具体的には、監査役会設置会社の場合は、監査役が3人以上で、かつ、そのうちの半数以上は社外監査役であることが必要とされていますので（法335条3項）、監査役が3人未満となった場合や、4人の監査役のうち社外監査役が2人未満となった場合に備えて、あらかじめ監査役を選任しておくことができます。

なお、監査役会設置会社では、常勤監査役を1人以上選定しなければなりませんが（法390条3項）、監査役が4人いて、そのうち1人が常勤監査役で

ある会社においては、その常勤監査役が退任しても3人以上の監査役という法定の員数を欠くことにならないため、その常勤監査役が欠けた場合に備えて補欠の常勤監査役を選任することはできないと解されています（ハンドブック258頁）。

2 補欠監査役の選任手続

補欠監査役の選任は、一種の停止条件付の監査役選任議案であるため、取締役が補欠監査役の選任議案を株主総会に提出するには監査役（会）の同意が必要になることや、株主総会における定足数要件や決議要件も通常の監査役の選任決議の場合と同様です（詳細は**Q4**参照）。また、株主総会参考書類や委任状を交付する場合の参考書類には、通常の監査役の選任議案と同様の事項を記載する必要があります。

それに加えて、補欠監査役の選任を決議する株主総会においては、次の事項も決議しなければなりません（施96条2項）。

---

① 当該候補者が補欠の監査役である旨
② 当該候補者を補欠の社外監査役とするときは、その旨
③ 当該候補者を1人または2人以上の特定の監査役の補欠として選任するときは、その旨および当該特定の監査役の氏名
④ 同一の監査役につき2人以上の補欠監査役を選任するときは、当該補欠監査役相互間の優先順位
⑤ 補欠監査役について、就任前にその選任の取消しを行う場合があるときは、その旨および取消しを行うための手続

---

3 補欠監査役の就任承諾の時期

補欠監査役が実際に監査役に就任することになるときには、通常、その時点で就任承諾書を記載してもらい、当該就任承諾書と前任監査役の退任を証する書面と補欠監査役の選任を決議した株主総会議事録を添付書類として監査役の就任登記申請をすることになります。もっとも、補欠監査役に選任された時点で「監査役が欠けた場合はただちに監査役に就任することを承諾する」旨の就任承諾書を得ておくこともできます。

4 補欠監査役の選任決議の有効期間

上記のような補欠監査役の選任決議の有効期間は、原則として当該決議後最初に開催する定時株主総会の開始の時までです（施96条3項）。

もっとも、補欠監査役の選任決議の有効期間は、定款に別段の定めを置くことで伸長することができます（施96条3項）。しかし、定款で補欠監査役の選

任決議の効力を伸長した場合でも、監査役Aの補欠として補欠監査役Bが選任された場合のように、補欠監査役が特定の監査役の補欠として選任された場合、当該特定の監査役Aの任期が満了したときは、当該補欠監査役Bは就任条件を満たすことがなくなるため、補欠監査役の選任決議の効力はその時点で当然に失われます。また、特定の監査役の補欠として選任しなかった場合でも、補欠監査役の任期は通常の監査役と同様に原則として選任から4年ですから（詳細はQ16参照）、選任から5年が経過した後に欠員が生じても、その時点では当該補欠監査役の任期は終了しており、当該補欠監査役は監査役として就任することはできません。そのため、補欠監査役の任期以上に補欠監査役の選任決議の有効期間を伸長しても意味がないことになります。

上場会社の実務では、補欠監査役の選任決議の効力の期間については定款に別段の定めを設けず、毎年補欠監査役の選任決議を行っていることが多いようです（ハンドブック260頁）。

なお、補欠監査役の選任決議の有効期間の短縮は、定款に別段の定めがなくても、株主総会の決議によって行うことができます（施96条3項ただし書）。

Q16　補欠監査役の任期

補欠監査役の任期はいつまでですか。

Q15で説明したとおり、「補欠監査役」という言葉には2つの意味があり、①監査役の退任前にその補欠としてあらかじめ選任された者（補欠として予選された者）を意味する場合（上記Q15で説明した補欠監査役の場合）と、②ある監査役が退任した後にその補欠として選任された監査役を意味する場合とがあります。本問では、1において上記①の意味の補欠監査役の任期について説明した後、2において上記②の意味の補欠監査役の任期について説明し、最後に3において上記①と②の両方の意味の補欠監査役の任期の短縮について説明します。

1　補欠として予選された補欠監査役の監査役としての任期

会社法では、監査役の任期の起算点は、就任時ではなく、選任時とされています（法336条1項。詳細はQ13参照）。そして、補欠監査役の選任決議は、一種の停止条件付の監査役選任決議であるため、監査役の任期を定めた法336条1項の規定が補欠監査役にも適用されます。そのため、補欠監査役が監査役に就任した場合の任期の起算点は、監査役に就任した時ではなく、補欠

監査役として選任された時になります（相澤304頁）。

したがって、定款で監査役の任期を伸長していなければ、補欠監査役が監査役に就任したときの任期は、補欠監査役として選任された時から4年以内に終了する事業年度のうち最終のものに関する定時株主総会終結の時までとなります。

2 退任した監査役の補欠として選任された監査役の任期

ある監査役が退任した後にその補欠として監査役が選任される場合、その監査役の選任手続は、通常の監査役の選任手続と同様に行われます。そして、上記1のとおり、監査役の任期は選任の時から起算しますので、定款で監査役の任期を伸長していなければ、その監査役の任期は、監査役として選任された時から4年以内に終了する事業年度のうち最終のものに関する定時株主総会終結の時までとなります（法336条1項）。

3 補欠監査役の任期の短縮

以上で述べたものが補欠監査役の任期の原則ですが、この例外として、定款に規定がある場合は、補欠監査役として選任された監査役の任期は、退任した監査役の任期の満了時となります（法336条3項）。この法336条3項は、上記①と②の両方の意味の補欠監査役に適用されますので、定款に「任期の満了前に退任した監査役の補欠として選任された監査役の任期は、退任した監査役の任期の満了する時までとする。」という規定があれば（多くの上場会社ではこのような定款の規定を設けています）、退任した監査役の残任期間が、上記①と②の両方の意味での補欠監査役の監査役としての任期となります。

会社法がこのような規定を設けたのは、監査役の任期は定款や株主総会決議によって短縮することができないところ（詳細はQ13参照）、全監査役について同じ時に改選決議をしている会社においては、補欠監査役の就任により、一部の監査役について改選時期が異なってくることを防止したいという要望があることを考慮して、補欠監査役に限って例外を認めたものです。

定款に「任期の満了前に退任した監査役の補欠として選任された監査役の任期は、退任した監査役の任期の満了する時までとする。」という規定がある場合に、上記①の意味の補欠監査役（補欠として予選された者）が監査役に就任した場合の任期を整理しますと、(i)補欠監査役として選任された時を起算点として会社法または定款で定める任期が満了する時点と、(ii)前任者の残任期間が満了する時点とのいずれか早い時点までということになります（図2-16参照）。

図表 2-16 補欠として予選された補欠監査役の監査役としての任期

① 補欠監査役として選任された時を起算点とする場合

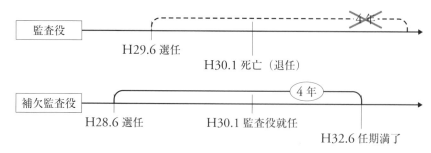

② 前任者の残任期間満了時が任期満了時となる場合

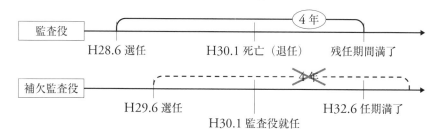

Q17 補欠監査役の選任決議の取消し

補欠監査役の選任決議を取り消すにはどうすればよいですか。

監査役を解任するためには株主総会の特別決議が必要ですが（法339条1項、309条2項7号）、補欠監査役は監査役に就任するまでは監査役ではないため、補欠監査役の選任決議は株主総会の普通決議によって取り消すことができると考えられています（相澤305頁）。

また、補欠監査役については、その選任決議において、その選任の取消しを行う場合があること、および取消しを行うための手続を定めることができます（施96条2項6号）。そのため、選任決議の際にこの点まで定めていれば、決議した手続に従って選任の決議を取り消すことができます。このような手続の例としては、社外監査役の補欠として選任された補欠監査役が社外性の要件を喪失した場合には代表取締役の決定により補欠監査役の選任決議を取り消すというものや、監査役（会）の同意を得て取締役会の決議により取り消すという

ものが考えられます。

なお、1度決定された補欠監査役の選任決議の取消し方法は、その後の株主総会の普通決議によって変更することが可能ですし（相澤305頁）、補欠監査役の選任決議の際に取消し方法を定めなかった場合に、その後の株主総会の普通決議で取消し方法を定めることも可能です。

Q18 補欠監査役の報酬

補欠監査役を選任した場合、監査役に就任するまでの報酬はどうしている事例が多いですか。

補欠監査役が監査役に就任するまでの間は報酬を支払わないという会社が多いようです。ただ、日本監査役協会の調査結果（「2007年における監査役及び監査委員会制度の運用実態調査」）によれば、少数ながら月額5万円以上10万円未満の報酬を支給している会社や、報酬に代わって代替的な手当てを支給しているという会社もあるようです（図表2-18）。

図表2-18 補欠監査役の報酬

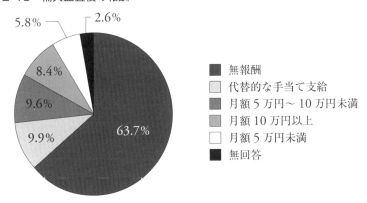

Q19 監査役の退任

監査役が退任することになるのはどのような場合ですか。

監査役が退任することになるのは、(1)任期が満了した場合、(2)任期途中に辞任した場合、(3)監査役の資格を喪失した場合、(4)任期の当然終了事由となる定

款変更があった場合、(5)監査役が委任契約の終了事由に該当することになった場合です（なお、解任についてはQ20参照）。以下では、このうちの(2)から(5)について説明します。なお、いずれの場合も監査役が退任した日から2週間以内にその旨の登記を行う必要があります。

1 辞任

辞任は、監査役の一方的な意思表示により可能であり、実務上は、「一身上の都合により、監査役を辞任します。」と記載した辞任届を会社に提出するのが一般的です。

また、監査役には辞任に関する意見陳述権があり、任期途中で辞任した監査役は、その後最初に招集される株主総会に出席して、辞任した旨およびその理由を述べることができます（法345条2項・4項）。このような辞任に関する意見陳述権が認められているのは、監査役が取締役から辞任を強制されることがないようにし、また取締役との意見の不一致等により自発的に辞任した場合はその意見対立等を株主に知らせる機会を確保するためです。

そして、監査役にこの意見陳述の機会を保障するため、取締役は、監査役の辞任後最初の株主総会を招集する際には、辞任した監査役に対して株主総会を招集する旨ならびに株主総会の日時および場所を通知しなければならないとされています（法345条3項・4項）。

なお、辞任した監査役以外の監査役も、株主総会で辞任した監査役の辞任について意見を述べることができます（法345条1項・4項）。

また、監査役の意見陳述権の行使結果を株主に伝えるため、辞任した監査役があるときは、以下の事項を事業報告に記載することとされています（施121条7号）。

---

① 当該監査役の氏名
② 辞任した監査役以外の監査役の意見があるときは、その意見の内容
③ 辞任した監査役がその理由を述べたときは、その理由の内容

＊上記②③については、その事業年度中の株主総会で意見・理由が述べられた場合だけでなく、事業報告の対象となる事業年度中に次の株主総会で述べられる予定の意見・理由が判明した場合も、述べられる予定の意見・理由を記載する必要があります（述べられる予定の意見・理由を記載した場合で、その後に開催された株主総会において現に述べられた意見・理由が事業報告に記載したものと同一であった場合は、翌事業年度の事業報告では再度記載する必要はありません）。

---

2 監査役の資格を喪失した場合

監査役の資格を喪失した場合とは、監査役の欠格事由（法335条1項、331

条1項各号）に該当した場合をいいます（詳細はQ1参照）。この場合は、当該監査役の意思表示や会社による何らかの手続がなくても、当該監査役は当然に監査役を退任することになります。

これに対し、法335条2項の兼任禁止の規定に抵触した場合は、当然に監査役を退任することにはなりません（ただし、親会社の監査役が子会社の取締役に選任されて就任承諾の意思表示をしたときは、親会社の監査役の辞任の意思表示をしたとみなされると考えられています）（詳細はQ2参照）。

3　任期の当然終了事由となる定款変更

任期の当然終了事由となる定款変更とは、以下のような定款変更があった場合をいいます（法336条4項）。会社がこれらいずれかの定款変更を行った場合、監査役による意思表示や会社による何らかの手続がなくても、監査役の任期は当然に終了することになりますので、定款変更後も監査役を置く場合は、新たに監査役を選任し直す必要があります。

---

①　監査役を置く旨の定款の定めを廃止する定款の変更
②　監査等委員会または指名委員会等を置く旨の定款の変更
③　監査役の監査の範囲を会計に関するものに限定する旨の定款の定めを廃止する定款の変更
④　その発行する株式の全部の内容として譲渡による当該株式の取得について当該会社の承認を要する旨の定款の定めを廃止する定款の変更

＊上記の①②は、会社の機関として監査役が廃止される場合です。
＊上記③は、監査役の権限が拡大される場合であり、会社が監査役会設置会社または会計監査人設置会社となる旨の定款変更を行った場合（結果的に監査役の監査の範囲を会計に関するものに限定する旨の定款の規定が無効となる場合）も含まれます。
＊上記④は、非公開会社が公開会社となる旨の定款変更を行った場合です。

4　監査役が委任契約の終了事由に該当することになった場合

会社と監査役との関係については民法の委任の規定が適用されるところ（法330条）、民法では受任者の死亡および受任者が破産手続開始の決定を受けたことが委任契約の終了事由とされています（民法653条1号・2号）。

したがって、監査役が死亡した場合および破産手続開始の決定を受けた場合、当該監査役は当然に退任することになります。

5　登記

監査役が退任した場合、会社は、監査役が退任した日から2週間以内にその旨の登記を行う必要があり（法911条3項17号ロ、915条1項）、退任の登記を申請する際には、以下のような退任を証する書面を添付する必要がありま

50　第 2 章　監査役と監査役会

す（神崎満治郎編代・鈴木龍介編『商業登記全書第 5 巻　株式会社の機関』（中央経済社、2008 年）248 頁）。

退任事由	添付書類
任期満了	「監査役○○は、本定時株主総会終結をもって任期満了により退任するため……」といった監査役の退任時期が記載された株主総会議事録（株主総会議事録に退任時期の記載がない場合は定款）
辞任	辞任届（監査役が株主総会において口頭で辞任の申出を行い、その旨が株主総会議事録上明らかな場合には、当該株主総会議事録を添付書類とすることもできます）
資格喪失	①　成年被後見人または被保佐人 　　審判書謄本（確定証明付）または成年後見登記事項証明書 ②　犯罪 　　有罪判決書謄本（確定証明付）
定款変更	定款変更の決議をした株主総会議事録
死亡	死亡診断書、戸籍謄本、死亡届等
破産	破産手続開始決定書謄本

Q20　監査役の解任

監査役を解任する場合の手続を教えてください。

　会社は、理由のいかんを問わず、株主総会の特別決議により監査役を解任することができますが、監査役は、その株主総会において解任についての意見を述べることができます。株主総会において監査役の解任議案が決議された場合、その旨の登記を行う必要があり、また、上場会社では、当該決議の結果等を臨時報告書で開示する必要があります。

　監査役の職務の執行に関して不正の行為または法令もしくは定款に違反する重大な事実があったにもかかわらず、監査役の解任議案が株主総会において否決された場合、一定の要件を満たす株主は、監査役の解任の訴えを提起することができます。

　解任された監査役は、その解任について正当な理由がある場合を除き、会社に対し、解任によって生じた損害の賠償を請求することができます。

1 株主総会参考書類等の記載事項

監査役は、正当な理由がなくても、株主総会の決議によって解任することができるとされています（法339条1項）。

そして、取締役が監査役の解任議案を株主総会に提出する際に、株主総会参考書類または委任状勧誘のための参考書類を交付する必要がある場合（詳細はQ4参照）、それらの書類には以下の事項を記載しなければならないとされています（施80条、委任状勧誘府令8条）。

① 監査役の氏名
② 解任の理由
③ 解任について監査役の意見があるときは（後記3参照）、その意見の内容の概要

監査役は正当な理由がなくても解任できるにもかかわらず、株主総会参考書類等に解任の理由を記載する必要があるのは、解任の理由を株主に知らせることで議決権行使に必要な情報を提供するためです。

なお、監査役の選任の場合と異なり、監査役の解任議案を株主総会に提出する際、取締役は、監査役（会）の同意を得る必要はありません。このような同意を必要としてしまうと、監査役の解任議案を株主総会に提出することが事実上できなくなってしまう可能性があるためです。

2 株主総会の決議要件

監査役の解任決議は、株主総会の特別決議事項とされています（法339条1項、309条2項7号）。そのため、定足数は、当該株主総会において議決権を行使することができる株主の議決権の過半数（3分の1以上の割合を定款で定めた場合にはあっては、その割合以上）となり、決議要件は、出席した株主の議決権の3分の2以上（これを上回る割合を定款で定めた場合にあっては、その割合以上）となります。

なお、解任議案の対象となっている監査役が株式を有している場合、当該監査役も自ら議決権を行使することができますので、定足数を充足したかの判断においては、当該監査役の議決権数も含めてカウントすることになります。

3 監査役による意見陳述

解任議案の対象となった監査役に限らず、それ以外の監査役も、解任議案を決議する株主総会において、その監査役の解任について意見を述べることができます（法345条1項・4項）。このような規定が設けられている趣旨は、選任時と同様、監査役の意見を株主総会に反映するためです。

52 第2章 監査役と監査役会

そして、監査役解任議案の株主総会参考書類等を作成する時点までに、監査役から取締役に対して解任についての意見が通知されている場合、取締役は、その意見を株主総会参考書類に記載しなければなりません（上記1参照）。なお、監査役が株主総会参考書類作成時までに取締役に対して意見を通知していなかったとしても、株主総会において意見を陳述することが制約されることはありません。

4 登記・臨時報告書

監査役の解任議案が株主総会で承認されると、当該監査役は監査役を退任することになりますので、会社は、解任決議が効力を生じた日から2週間以内に解任決議をした株主総会議事録を添付書類として、その旨の登記申請を行う必要があります（法911条3項17号ロ、915条1項）。

また、上場会社では、選任議案の場合と同様、株主総会において解任議案が決議された場合に、次の事項を記載した臨時報告書を財務局に提出しなければなりません（開示府令19条2項9号の2）。

> ① 当該株主総会が開催された年月日
> ② 当該決議事項の内容
> ③ 当該決議事項（役員の選任または解任に関する決議事項である場合は、当該選任または解任の対象とする者ごとの決議事項）に対する賛成、反対および棄権の意思の表示にかかる議決権の数、当該決議事項が可決されるための要件ならびに当該決議の結果
> ④ 上記③の議決権の数に株主総会に出席した株主の議決権の数の一部を加算しなかった場合には、その理由

5 監査役の解任の訴え

監査役の職務の執行に関して不正の行為または法令もしくは定款に違反する重大な事実があったにもかかわらず、監査役の解任議案が株主総会で否決された場合、総株主の議決権の100分の3（これを下回る割合を定款で定めた場合は、その割合）以上の議決権を6か月（これを下回る期間を定款で定めた場合は、その期間）前から引き続き有する株主、または発行済み株式の100分の3（これを下回る割合を定款で定めた場合は、その割合）以上の株式を6か月（これを下回る期間を定款で定めた場合は、その期間）前から引き続き有する株主は、会社および監査役の両方を被告として、監査役の解任の訴えを提起することができます（法854条1項、855条）。

なお、非公開会社においては、「6か月（これを下回る期間を定款で定めた場

は、その期間）前から引き続き」という要件は課されず、総株主の議決権の100分の3（これを下回る割合を定款で定めた場合は、その割合）以上の議決権を有する株主と、発行済み株式の100分の3（これを下回る割合を定款で定めた場合は、その割合）以上の株式を有する株主が、監査役の解任の訴えを提起することができます。

　また、後記7で述べるような、ある種類の株式の種類株主を構成員とする種類株主総会において監査役を選任することを内容とする種類株式を発行している場合で、その種類株式の種類株主総会で監査役の解任議案が否決された場合は、その種類株式の株主以外の株主も上記の持株要件を満たせば、監査役の解任の訴えを提起することができます（法854条4項）。

6　解任された監査役による損害賠償請求

　解任された監査役は、その解任について正当な理由がある場合を除き、会社に対して、解任によって生じた損害の賠償を請求することができます（法339条2項）。

　このような損害賠償は、株主総会の決議による監査役の解任の自由を保障した代わりに、任期満了まで監査役としての地位にあり続けられることを期待していた監査役の期待を保護するために認められたものと説明されています（コンメ(7)534頁〔加藤貴仁〕）。

　どういった場合に「正当な理由」があるといえるかについては、職務執行上の不正行為や法令・定款に違反する行為があった場合、心身の故障により客観的に職務遂行に支障を来している場合、職務への著しい不適任や能力の著しい欠如がある場合には、「正当な理由」が認められると解されています（コンメ(7)535頁〔加藤貴仁〕）。これに対して、他により適任な者がいるという理由や、軽微あるいは一時的な病気は「正当な理由」にはならないと解されています（コンメ(7)535頁〔加藤貴仁〕）。

　賠償すべき損害の範囲は、監査役が解任されなければ任期満了までおよび任期満了時に得られたであろう役員等としての報酬等であると解されています（コンメ(7)531頁〔加藤貴仁〕）。これに対して、賠償すべき損害の範囲に慰謝料や弁護士費用等も含まれるかについては見解の対立があります（コンメ(7)532頁〔加藤貴仁〕）。

7　種類株式発行会社における監査役の解任決議

　非公開会社では、その種類の株式の種類株主を構成員とする種類株主総会において監査役を選任することを内容とする種類株式を発行することができます（法108条1項ただし書・9号）。このような種類株式は、クラス・ボーティン

54 第2章 監査役と監査役会

グ（役員選解任権付種類株式）とも呼ばれ、ジョイント・ベンチャー等で各出資
者が独自に自己の指定する者を監査役に選任するような場合に用いられます。

このような会社では、種類株主総会で選任した監査役を通常の株主総会で解
任できてしまうと、その種類株主に監査役の選任をする権利を与えたことが無
意味になってしまいますので、監査役の解任もその種類株式の種類株主総会の
決議で行われます（法347条2項、339条1項）。

もっとも、定款に別段の定めを設けた場合や、当該監査役を選任した種類株
主総会において議決権を行使することができる株主が存在しなくなった場合は、
例外的に、通常の株主総会で解任が可能とされています（法347条2項）。

Q21　監査役の報酬の決定手続

監査役の報酬の決定手続を教えてください。

監査役の報酬は、定款または株主総会決議で決定します。監査役が複数いる
場合、各監査役の報酬について定款の定めまたは株主総会の決議がないときは、
監査役の協議によって各監査役の報酬を決定します。

1　株主総会決議による決定

監査役の報酬等は、定款にその額を定めていないときは、株主総会の普通決
議によって決定します（法387条1項、309条1項）。この「報酬等」には、月
額報酬だけでなく、賞与その他の職務執行の対価として会社から受ける財産上
の利益すべてが含まれますので（法361条1項参照）、賞与、退職慰労金等に
ついても、すべて定款または株主総会の決議によって定める必要があります。
また、株主総会では、監査役全員の報酬総額を定め、その範囲内で各監査役の
報酬額を決定することも可能です（法387条2項）。

株主総会で決議することとされているのは、監査役の報酬等の決定を取締役
ではなく株主総会で決定することで、監査役の取締役からの独立性を確保する
ためです。

このような趣旨から、監査役の報酬等を株主総会で決議する場合には、取締
役の報酬等とは区別して定めなければならないと解されており、取締役の報酬
の決定の議案と監査役の報酬の決定の議案は別々の議案とするか、同一の議案
とした場合には議案の中で取締役の報酬等と監査役の報酬等を区別する必要が
あります。

監査役の報酬等の決定の議案の株主総会への提出権は取締役にありますが、

監査役の報酬が不当に低く定められたり、据え置かれたりするのを防止するため、監査役は、株主総会において、監査役の報酬等について意見を述べることができるとされています（法387条3項）。この報酬等に対する監査役の意見陳述権は、監査役の報酬等に関する議案が提案されている株主総会だけでなく、監査役の報酬等に関する議案が提案されていない株主総会においても行使することが認められ、その株主総会において、監査役は、報酬の増額に関する議案が提案されるべきであるといった意見を陳述することができます。

取締役が監査役の報酬に関する議案を株主総会に提出する際に、株主総会参考書類または委任状勧誘のための参考書類を交付する必要がある場合（詳細はQ4参照）、それらの書類には以下の事項を記載しなければならないとされています（施84条1項、委任状勧誘府令12条）。

① 報酬等の算定の基準（例：「総額年○○万円以内」等）
② すでに定められている報酬等を変更するものであるときは、変更の理由
③ 議案が2以上の監査役についての定めであるときは、当該定めにかかる監査役の員数
④ 議案が退職慰労金に関するものであるときは、退職する各監査役の略歴
⑤ 報酬等に関する監査役の意見があるときは、その意見の内容の概要

2 監査役が複数の場合の各監査役の報酬の決定

監査役が複数いる場合において、各監査役の報酬について定款の定めまたは株主総会の決議がないときは、監査役の協議によって各監査役の報酬を決定します（法387条2項）。ここでいう「監査役の協議」とは、全員一致での決定を意味し、全員一致に至らず協議が不調に終わると、監査役への報酬の支払いができないことになります。このような事態を避けるため、監査役事務局としては、新たに監査役に選任される者との間で、その選任前に報酬について事実上合意しておき、選任後は監査役の協議により当該合意に基づいた各監査役の報酬を決定するという手続をふむのが安全です。

なお、監査役全員の協議により、報酬額の配分を特定の監査役に一任したり、あるいは監査役の多数決によるものとすることは許される一方、取締役や取締役会に配分の決定を一任することは、監査役の取締役からの独立性の確保という法387条の趣旨から許されないと解されています（コンメ(8)432頁〔田中亘〕）。

3 開示

公開会社においては、監査役の報酬等に関し、次に掲げる事項を事業報告に

56 第2章 監査役と監査役会

記載することとされています（施121条4号～6号）

---

① 監査役の報酬等に関する事項
② 当該事業年度において受け、または受ける見込みの額が明らかとなった監査
　役の報酬等
③ 監査役の報酬等の額またはその算定方法にかかる決定に関する方針を定めて
　いるときは、当該方針の決定の方法およびその方針の内容の概要

　また、社外監査役については、上記に加えて、次に掲げる事項も事業報告に
記載することとされています（施124条5号～8号）。

---

① 社外監査役の報酬等に関する事項
② 当該事業年度において受け、または受ける見込みの額が明らかとなった社外
　監査役の報酬等（①で当該事業年度にかかる事業報告の内容とする報酬等およ
　び前事業年度にかかる事業報告の内容とした報酬等を除く）に関する事項
③ 社外監査役に就任している会社に親会社等がある場合は、社外監査役が当該
　親会社等または兄弟会社から当該事業年度において役員として支払いを受けた
　報酬等の総額（親会社等がない場合は、社外監査役に就任している会社の子会
　社から当該事業年度において役員として支払いを受けた報酬等の総額）（いずれ
　の場合も社外監査役であった期間に支払いを受けたものに限る）
④ 社外監査役がこれらの事項の内容に対して意見があるときは、その意見の内
　容

　さらに、有価証券報告書を提出している会社では、有価証券報告書の「コー
ポレート・ガバナンスの状況」欄において、役員の報酬等について、監査役
（社外監査役を除く）の報酬等の総額、報酬等の種類別（基本報酬、ストックオプ
ション、賞与および退職慰労金）の総額および対象となる監査役の員数を記載す
る必要があり、報酬等の総額が1億円以上である監査役については、個別の
開示が必要になります。また、監査役の報酬等の額またはその算定方法の決定
に関する方針を定めている場合には、当該方針の内容および決定方法も記載す
る必要があります（当該方針を定めていない場合には、その旨を記載すればよいと
されています）（企業内容等の開示に関する内閣府令第三号様式記載上の注意(37)。第
二号様式記載上の注意(57) a (d)）。

Q22　監査役の報酬水準

　監査役の報酬は、どのような基準で決定されますか。また、一般的な監査役
の報酬水準はどの程度でしょうか。

各監査役の報酬は、常勤・非常勤の別、監査業務の分担の状況、取締役の報酬等の内容および水準等を考慮して決定されます（監査役監査基準11条1項参照）。

　日本監査役協会が平成27年に実施したアンケート調査結果（「役員等の構成の変化などに関する第16回インターネット・アンケート集計結果（監査役（会）設置会社版）」）によれば、上場会社では、社内の常勤監査役には1000万円以上1500万円未満の報酬を支給している会社が29.3％と最も多く、社外の非常勤監査役には200万円以上500万円未満の報酬を支給している会社が50.9％と最も多くなっています（図表2-22-1参照）。また、平成27年3月に公表された経済産業省委託調査「日本と海外の役員報酬の実態及び制度等に関する調査報告書」（日本国内の上場企業3277社に対してアンケート調査を実施。役員報酬水準については158社が回答）によれば、常勤・非常勤別での報酬水準の相違として、常勤監査役の年間報酬総額（固定報酬＋金銭による業績連動報酬＋退職慰労金1年分＋株式報酬の合計）の中央値1560万円に対し、グループ外からの非常勤監査役の報酬総額の中央値は400万円、グループ内からの非常勤監査役の報酬総額の中央値は135万円という調査結果になっています。

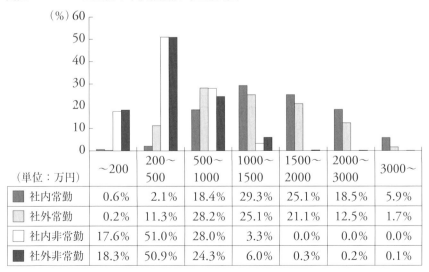

図表2-22-1　監査役の年額報酬額（上場会社）

（単位：万円）	～200	200～500	500～1000	1000～1500	1500～2000	2000～3000	3000～
社内常勤	0.6%	2.1%	18.4%	29.3%	25.1%	18.5%	5.9%
社外常勤	0.2%	11.3%	28.2%	25.1%	21.1%	12.5%	1.7%
社内非常勤	17.6%	51.0%	28.0%	3.3%	0.0%	0.0%	0.0%
社外非常勤	18.3%	50.9%	24.3%	6.0%	0.3%	0.2%	0.1%

図表 2-22-2　監査役の年額報酬額（非上場会社）

（単位：万円）	～200	200～500	500～1000	1000～1500	1500～2000	2000～3000	3000～
社内常勤	1.1%	5.5%	25.1%	43.5%	16.3%	7.5%	1.0%
社外常勤	5.9%	12.1%	30.2%	37.6%	9.80%	3.4%	0.9%
社内非常勤	62.3%	15.2%	7.7%	8.9%	4.3%	1.2%	0.2%
社外非常勤	62.4%	24.9%	7.9%	3.4%	1.0%	0.3%	0.1%

　また、前述の日本監査役協会のアンケート調査結果によれば、常勤監査役の月額報酬の水準が他のどの役職と同じレベルかという設問に対する回答は、社内常勤監査役については取締役の報酬水準と同レベルと回答した会社が最も多いという結果になっています（図表2-22-3、2-22-4参照。横軸が常勤監査役の月額報酬との比較対象となった役職を示し、縦軸が各役職ごとに常勤監査役の月額報酬と最も近い役職として回答があった会社数の割合を示しています）。

図表 2-22-3　常勤監査役の報酬レベル（上場会社）

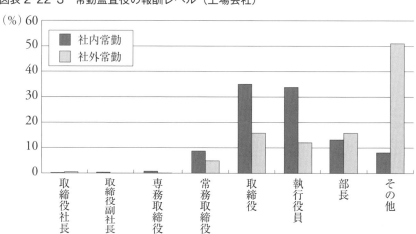

図表 2-22-4　常勤監査役の報酬レベル（非上場会社）

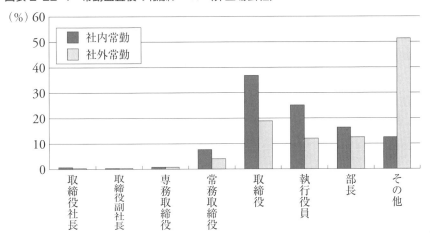

Q23　監査役に対する報酬の内容

監査役の報酬として、どのような報酬制度を設けている会社が多いですか。監査役に退職慰労金や業績連動報酬を支給したり、ストックオプションを付与することに何か問題はありますか。

日本監査役協会が平成27年に実施したアンケート調査結果（「役員等の構成の変化などに関する第16回インターネット・アンケート集計結果（監査役（会）設置会社版）」）によれば、監査役に対する報酬として定額基本給のみを支給している会社が93.6%と大部分を占めるものの、業績連動報酬を支給している会社も6.5%あります。また、当該アンケート調査結果によれば、減少傾向にあるものの、平成27年時点では24%の会社において退職慰労金制度があり、また、2.5%の会社においてストックオプションの支給制度があるとされています。

1　退職慰労金

監査役に退職慰労金を支給するためには、退職慰労金も「報酬等」（法387条1項）に含まれることから株主総会の決議で決定する必要がありますが、一定の基準に従い退職慰労金の額を決定することを監査役その他の第三者に一任するものであるときは、株主総会参考書類には、当該一定の基準の内容を記載

するか、各株主が当該基準を知ることができるようにするための適切な措置を講じていればよいとされています（施84条2項）。そのため、退職者がいくらの退職金を受け取るのかが明らかになるのを避けるため、退職慰労金支給規程等の内規に従い退職慰労金の額を決定することを監査役の協議に一任するという内容で議案を作成し、具体的な金額や退職慰労金等の内規に定められた具体的な基準は株主総会参考書類に明示せずに株主総会に上程されるのが通常です。

「各株主が当該基準を知ることができるようにするための適切な措置」には、基準を記載した書面等を本店に備え置いて株主の閲覧に供する方法や、株主が本店で請求すれば基準の説明を受けられる措置を講じるといった方法があります。もっとも、株主総会において株主からこの基準について質問があれば、会社は株主総会の場でこれに回答する必要があります。

また、施行規則84条2項は、「退職慰労金の額を決定することを取締役、監査役その他の第三者に一任するものであるときは」と規定して、取締役に額の決定を一任することを許容しているようにも読めますが、学説上、監査役の退職慰労金については原則として監査役の協議に一任すべきであり、取締役（会）への一任が認められるのは、一定の基準に従い額が機械的に算出できるケースに限られ、功労加算等をする余地がある場合は取締役（会）への一任は認められないとされています（コンメ(8)436頁〔田中亘〕）。

なお、退職慰労金については、議決権行使助言会社の中に、基本的に金額開示の有無を問わず反対を推奨としているものや、個別の支給額または支給総額が開示されない場合や対象者に社外監査役が含まれる場合は原則として反対を推奨するとしているものがあります。このような事情もあって、最近では、退職慰労金制度を廃止する会社も増えています。

2　業績連動報酬

監査役の報酬等は「額」を定めることとされており（法387条1項）、取締役の報酬等のように報酬等の「算定方法」の定めに関する規定がありませんが、株主総会で定めた上限額の範囲内で、あるいは取締役の報酬に関する規定である法361条1項2号を類推適用して定款または株主総会で具体的な算定方法を定めることで、業績連動報酬を支給することは可能と解釈されています（論点体系会社法3・299頁〔三浦亮太〕）。

しかしながら、独立性重視の観点や、業務執行により会社の利益に貢献するわけではないため会社業績に連動するかたちの報酬とすることは合理性がないという考えもあることから、監査役に業績連動報酬を支給している会社は上記

のとおり少数にとどまっています。

3 ストックオプション

ストックオプションについても、株主総会で定めた上限額の範囲内であれば、あるいは取締役の報酬に関する規定である法361条1項を類推適用することで、監査役に支給することも可能と解釈されています（コンメ(8)435頁〔田中亘〕）。

もっとも、業績連動報酬と同様、ストックオプションも業績連動型の報酬であるところ、監査役は業績向上との関連性が強くないと考えられることなどから、いくつかの機関投資家の議決権行使基準においては、ストックオプションの権利付与対象者に監査役が含まれる場合、ストックオプションの付与議案に対して肯定的な判断はできないとされています。このような事情もあり、監査役に対するストックオプションの支給制度がある会社は上記のとおり少数にとどまっています。

Q24　監査役と会社との取引

会社と監査役との取引に対する会社法上の規制および開示制度の内容について教えてください。

会社法上、会社と取締役との取引に関しては、いわゆる利益相反取引についての規制が存在しますが（法356条1項2号・3号）、会社と監査役との取引については同種の規制は存在しません。もっとも、監査役が自己または第三者のために会社と取引をし、その結果、会社に損害が生じた場合には、当該監査役につき損害賠償責任が生じる可能性はあります。

なお、監査役が自己または第三者のために会社と行う取引が、その内容等に鑑み会社にとっての「重要な業務執行」（法362条4項本文）に該当する場合には、当該取引につき取締役会の承認が必要となります。

また、監査役と会社との取引が通常の取引条件によらないで行われるかもしれないという抽象的な可能性を前提に、監査役は「関連当事者」（計112条4項7号）、監査役との取引は「関連当事者との取引」と位置づけられ（同条1項）、当該取引にかかる重要な事項については注記表への記載が必要とされています。さらに、取締役および執行役の取引と合わせてというかたちではありますが、監査役との取引にかかる金銭債権および金銭債務の総額を、貸借対照表への注記として記載することも求められています（計103条7号・8号）。

62　第2章　監査役と監査役会

　なお、コーポレートガバナンス・コード上、上場会社がその役員等との取引
（関連当事者間の取引）を行う場合には、そうした取引が会社や株主共同の利益
を害することのないよう、また、そうした懸念を惹起することのないよう、取
締役会は、あらかじめ、取引の重要性やその性質に応じた適切な手続を定めて
その枠組みを開示するとともに、その手続をふまえた監視（取引の承認を含む）
を行うべきとされています（原則1-7）。この点、コーポレートガバナンス・
コードの文言をどのように解釈するかは基本的に上場会社の自主的な判断に委
ねられているところ、仮に、上記の「役員」の中に監査役を含めて解釈する場
合には、監査役との取引に関する手続の策定、その枠組みの開示、当該手続の
履践が必要となります。この「手続」の内容自体も会社が決める必要があり
ますが、たとえば、会社と監査役との取引につき取締役会の承認が必要である旨
を取締役会規則で定めることも、当該「手続」の策定の一態様といえるでしょ
う。

② 監査役会

Q25　監査役会の設置・構成

　監査役会が設置されるのは、どのような会社ですか。また、監査役会の構成
については、会社法上どのような規定がありますか。

　会社法上監査役会の設置を義務づけられるのは、指名委員会等設置会社また
は監査等委員会設置会社を除く、公開会社である大会社に限られます。指名委
員会等設置会社および監査等委員会設置会社以外の取締役会設置会社（公開会
社である大会社を除く）では、任意に監査役会を設置することが可能です。監
査役会設置会社では、監査役は3人以上で、そのうち半数以上が社外監査役
でなければならず、また、監査役会の中から常勤監査役を選定しなければなり
ません。

1　監査役会の設置

　指名委員会等設置会社または監査等委員会設置会社を除く、公開会社である
大会社は、会社法上監査役会の設置が義務づけられます（法328条1項）。
　会社法が公開会社である大会社に監査役会の設置を義務づけているのは、こ
のような会社は規模も大きく、また、株主数も多く変動も頻繁であるため、株

主自らが取締役の監督を行うことは期待できないことから、株主に代わって取締役の監督を行う機関である監査役を 3 名以上選任し、会議体とすることで取締役会への影響力の強化を図ったものです。

なお、監査役会の設置を義務づけられる会社の範囲から指名委員会等設置会社および監査等委員会設置会社が除かれているのは、指名委員会等設置会社では監査委員会が、監査等委員会設置会社では監査等委員会がそれぞれ監査を行うことが予定されているためであり、これらの会社では業務が重複する監査役の設置が禁止されています（法 327 条 4 項）。

指名委員会等設置会社または監査等委員会設置会社以外の会社では、監査役会の設置義務がない場合でも監査役会を任意に設置することができます（法326 条 2 項）。もっとも、監査役会を設置するためには取締役会設置会社でなければなりません（法 327 条 1 項 2 号）。これは、取締役会を設けずに経営組織を簡素化した会社において、監査役会という仕組みを置くニーズがないと考えられることから、会社法では、取締役会を置かない会社に監査役会を設置することを認めなかったものです。そのため、取締役会非設置会社は、監査役会を設置することはできません。

図表 2-25　監査役会設置の義務と可否

		非大会社		大会社	
		取締役会非設置	取締役会設置	取締役会非設置	取締役会設置
公開会社	監査役 設置会社	×	可	×	義務
	指名委員会 等設置会社		×		×
	監査等委員 会設置会社				
非公開会社	監査役 設置会社		可		可
	指名委員会 等設置会社		×		×
	監査等委員 会設置会社				

2 監査役会の構成

監査役会設置会社において、監査役は3人以上で、そのうちの半数以上は社外監査役でなければならないとされています（法335条3項）。過半数ではなく「半数以上」とされているため、監査役が4人である場合は、3人以上ではなく、2人以上が社外監査役でなければならないということになります。

社外監査役の制度は、業務執行担当者の影響を受けずに客観的な意見を表明できる者が監査役の中に必要との趣旨で導入された制度であり、監査役会の監査は、監査役就任前に会社の使用人等であり社内情報に精通した者と社外監査役とにより共同して担われることが期待されています。

監査役が3人未満となった場合や社外監査役が監査役の半数未満となった場合、取締役は、監査役が3人以上で、そのうちの半数以上が社外監査役となるように監査役の選任手続をとらなければなりません。取締役がこのような選任手続を怠った場合、過料に処されるおそれがあります（法976条20号・22号）。もしすぐに新たな監査役の選任手続をとることが難しい場合は、一時監査役の選任を検討することになります（詳細はQ14参照）。

また、監査役会は、監査役の中から常勤監査役を選定しなければなりません（法390条3項）。常勤監査役の意味について、会社法に定義規定はありませんが、通説は、他に常勤の仕事がなく、会社の営業時間中原則としてその会社の監査役の職務に専念する者をいうと解釈しています（江頭531頁）。社外監査役の定義（詳細はQ6参照）と上記の常勤監査役の解釈は矛盾するものではありませんので、社外監査役が常勤監査役を務めることも可能です。

このほか、上場会社では独立役員を1名以上確保することが義務づけられているため（上場規程436条の2等）、上場会社が独立役員に該当する社外取締役を選任していない場合には、独立役員に該当する社外監査役を1名以上確保する必要があります。

Q26　監査役会の職務

監査役会はどのような職務を行うのですか。

監査役会は、①監査報告の作成、②常勤監査役の選定および解職、③監査の方針、業務および財産の状況の調査の方法その他の監査役の職務の執行に関する事項の決定といった職務を行います（法390条2項・3項）。ただし、③の決定によっても、個々の監査役の権限の行使を妨げることはできません（同条2

項ただし書)。会計監査人を設置する場合は、④会計監査人の選任および解任ならびに再任しないことに関する議案の内容の決定も行います(法344条1項・3項)。また、監査役会による監査の範囲を会計監査に限定することはできません(法389条1項)。

1 監査役会の職務

(1) 監査役と監査役会の関係

監査役会設置会社においては、監査役の全員で監査役会を組織しますが(法390条1項)、監査役会制度の下でも、監査役の独任制(詳細は **Q36** 参照)は維持されており、あくまでも監査の主体は各監査役です。監査役会の機能は、各監査役の役割分担を容易にし、かつ情報の共有を可能にすることにより(同条4項参照)、組織的・効率的な監査を可能とするにとどまります。

旧商法では、監査役会にも一定の監査権限が認められていましたが、会社法では、各監査役が監査報告を作成した上で、これに基づいて監査役会としての監査報告を作成することとされています(施130条1項、計123条1項、128条1項)。そのため、監査役会監査報告は、各監査役が独任的に行った監査の結果を集約・統合したものと考えられています。

なお、監査役会の機能・目的については、日本監査役協会の「監査役会規則(ひな型)」(平成27年4月9日最終改正)では、「監査に関する重要な事項について報告を受け、協議を行い、又は決議をする。」とされ、同協会の監査役監査基準(平成27年7月23日最終改正)では、「監査に関する意見を形成するための唯一の協議機関かつ決議機関」とされています。

(2) 会社法における監査役会の職務

監査役会の職務については、会社法上次のように定められています(法390条2項各号、344条1項・3項)。

① 監査報告の作成
② 常勤の監査役の選定および解職
③ 監査の方針、監査役会設置会社の業務および財産の状況の調査の方法その他の監査役の職務の執行に関する事項の決定
④ (会計監査人設置会社の場合)会計監査人の選任および解任ならびに再任しないことに関する議案の内容の決定

なお、監査役会設置会社は、監査役会による監査の範囲を会計監査に限定することはできません(法389条1項)。

2 監査報告の作成

監査役会設置会社の場合、まず個々の監査役が「監査役監査報告」を作成し、これに基づいて監査役会としての「監査役会監査報告」を作成しなければなりません。その際、少なくとも1度は、会議を開催するか、テレビ会議等同時に意見の交換ができる方法により、審議しなければなりません（法390条2項1号、施130条3項、計123条3項、128条3項）。

監査役会監査報告の作成に監査役会の決議を要するかについては、1回は現実に審議する場を要するものの、監査役会監査報告の最終的な決定は、持ち回り決議等の方法で行うことが許されるとする会社法立案担当官の見解もありますが（相澤哲編著『立案担当者による新会社法関係法務省令の解説（別冊商事法務300号）』（商事法務、2006年）59頁、102頁）、持ち回り決議は許されず、監査役会の決議を要するとの見解が有力であるため、実務上は監査役会決議を経ることが多いと思われます（江頭533頁等）。

監査役会決議を経る場合、監査役会の監査意見は多数決によって形成されますが（法393条1項）、監査役の独任制の趣旨から、ある事項について監査役会監査報告の内容と自己の監査役監査報告の内容とが異なる場合は、各監査役は、監査役会監査報告に自己の監査役監査報告の内容を付記することができます（施130条2項後段）（監査役会監査報告の記載事項は**Q74**参照）。

3 常勤監査役の選定・解職

監査役会は、監査役の過半数の決議により、監査役の中から常勤監査役を選定しなければなりません（法390条2項2号・3項、393条1項）。法令上、常勤監査役の定義や資格に関する規定はありませんが、会社の営業時間中原則としてその会社の監査役の職務に専念していることを要すると解されています（詳細は**Q9**参照）。定款または監査役会規則等において別段の定めがない限り、常勤監査役に選定された監査役は、その監査役としての任期が満了するまでは常勤監査役に就任し続けることとなり、その任期の途中で監査役会の構成が変わった場合も、改めて常勤監査役として選定する必要はないと解されます。

また、監査役会が常勤監査役を解職する場合も、監査役の過半数によります（法393条1項）。法令上、解職事由についての定めはありませんが、解職に正当な理由がない場合は、解職された常勤監査役は、会社に対して解職によって生じた損害の賠償を請求できる可能性があると解されています（法339条2項参照）。

4　監査役の職務の執行に関する事項の決定

　監査役会は、監査役の過半数による決議をもって、監査の方針、会社の業務・財産の状況の調査の方法その他の監査役の職務の執行に関する事項を決定することができます（法390条2項3号、393条1項）。なお、日本監査役協会の「監査役会規則（ひな型）」（平成27年4月9日最終改正）13条1項においても、「監査の方針、監査計画、監査の方法、監査業務の分担等は、監査役会において決議をもって策定する。」とされています。

　監査役会に監査役の職務に関する執行に関する事項を決定する権限が認められた趣旨は、各監査役による重複した監査の無駄を省き、組織的・効率的な監査を実現することにあります。そのため、その決定内容は、監査役が善管注意義務に基づきその職務を執行することができるような合理的なものである必要があり、そのような内容である限り各監査役は拘束され、自己の分担外の事項については職務遂行上の注意義務が軽減されると解されます（江頭532頁注2等）。

　もっとも、その決定により各監査役の監査権限の行使を妨げることはできず、各監査役は、当該決定により定められた事項以外であっても、善管注意義務に照らして必要と認める場合は、独自に監査を行うことができます（法390条2項ただし書）。

5　会計監査人の選任等への関与

　監査役会設置会社が会計監査人も設置する場合、会計監査人は株主総会で選任されますが（法329条1項）、株主総会に提出する会計監査人の選任・解任・不再任に関する議案の内容は、監査役会が決定します（法344条3項）。これは、監査役会と会計監査人との職務上の密接な関係に鑑み、その選任等について監査役会の意見を反映させる趣旨です。

Q27　監査役の員数が欠けた場合の監査の効力

　監査役の員数が欠けた場合の監査の効力はどうなりますか。

　監査役会設置会社においては、監査役は3人以上で、そのうち半数以上は社外監査役でなければなりません（法335条3項）。一時的に監査役に欠員が生じたことによって当然に監査に瑕疵を生ずることにはなりませんが、3人の員数が欠けた状態で監査報告がなされた場合、監査に瑕疵が生じることになります。すなわち、欠員がある状態で監査報告が作成された場合は、会計監査人

設置会社であっても計算書類を報告事項（法439条参照）とすることはできず、また、株主総会で計算書類の承認決議がなされた場合は、かかる決議は手続的な瑕疵を帯びることになり、決議取消事由になると解されます。社外監査役に欠員がある状態で監査報告がなされた場合も同様であると解されています。

Q28　監査役会の運営①

監査役会の運営に関して、会社法には、どのような規定がありますか。

会社法では、監査役会の運営について以下のように規定しています。

1　監査役会の招集

⑴　招集権者

監査役会は、各監査役が招集できます（法391条）。監査役の独任制（詳細はQ36参照）の観点から、取締役会のように招集権者を限定することは許されません。

　もっとも、実務上は、定款で授権された監査役会規則等により招集権者を指定する例もあります。たとえば、日本監査役協会が定める「監査役会規則（ひな型）」（平成27年4月9日最終改正）では、監査役会の招集権者について、①監査役会は、議長が招集し運営する（なお、同ひな型では、議長は監査役会の決議によって監査役の中から定めるものとされています）、②各監査役は、議長に対し監査役会を招集するよう請求することができる、③上記②の請求にもかかわらず、議長が監査役会を招集しない場合は、その請求をした監査役は、自らこれを招集し運営することができる、と定められています（同ひな型10条）。そのため、実務上は、このような手続に従って招集することが通常と考えられますが、法391条によって各監査役には監査役会の招集権が認められていますので、会社の監査役会規則等で上記①〜③のような定めがあったとしても、各監査役が監査役会を招集することは法的に可能です。

⑵　招集期間・開催頻度

監査役会を招集するには、監査役は、監査役会の日の1週間（これを下回る期間を定款で定めた場合はその期間）前までに、各監査役に対して招集通知を発しなければなりません。ただし、監査役全員の同意がある場合は、上記の手続を経ることなく監査役会を招集することができます（法392条）。

　会社法には監査役会の開催頻度に関する規定はありません。もっとも、上記の「監査役会規則（ひな型）」では、「監査役会は、定期に開催する。ただし、

必要あるときは随時開催することができる。」（同ひな型9条）と定められており、この「定期に」の運用については、各社の実状に応じて「月1回」等の規定を推奨しています。なお、実務上は、**Q29**で説明するように、非常勤監査役や社外監査役の出席を確保するために、年間の監査役会の日程を確定し、監査役全員に通知しておく例が多いと考えられます。

(3)　招集通知の内容・方法

　会社法では、招集通知の内容や方法に関する規定はありません。そのため、法的には、招集通知は書面でも口頭でもよく、内容も会議の目的事項の通知までは要求されません。上記の「監査役会規則（ひな型）」においても特段の定めはありません。もっとも、実務上は、審議に必要な情報を各監査役に事前に伝達し、十分な事前準備を可能とすることで監査役会の運営を活性化させるため、書面や電子メールにより、会議の目的事項を記載した開催通知が送付されることが多いと思われます（詳細は**Q29**参照）。

2　監査役会の決議

(1)　決議要件

　監査役会の決議は、監査役の過半数をもって行います（法393条1項）。会社法上は定足数に関する規定がないため、実際に監査役会に出席する監査役の人数にかかわらず、監査役全員の過半数の賛成が必要となります。現存する監査役の数が法令・定款に定める下限を下回っている場合については、その下限の人数の過半数をもって決議を行うとする見解もあります（江頭533頁）。もっとも、実務上は、監査役会の決議の有効性を担保するため、補欠監査役を予選しておくか、一時監査役の選任を請求することで監査役の欠員を解消することが多いと考えられます（法329条3項、346条2項）。

　なお、以下のものについては監査役全員の同意が必要となり、この場合、監査役会の決議は不要とされます。

---

① 　会計監査人の解任（法340条4項・2項）
② 　各監査役の報酬等について定款の定めまたは株主総会の決議がない場合における当該報酬等の決定（法387条2項）
③ 　取締役の会社に対する責任の一部免除等の議案の提出（法425条3項、426条2項、427条3項）
④ 　株主代表訴訟等につき会社が被告側に補助参加する申出をすること（法849条3項1号）

70　第 2 章　監査役と監査役会

(2)　書面決議の可否

　監査役会において、取締役会のような書面決議は認められていませんが（法370 条参照）、電話会議やテレビ会議の方法による出席は可能です。この場合、監査役会議事録には、下記 3 (1)①記載のとおり、監査役会の開催場所にいない者の出席方法を記載または記録することになります（施 109 条 3 項 1 号）。

　なお、監査役の他の監査役に対する書面報告は許されます。すなわち、取締役、会計参与、監査役または会計監査人が監査役の全員に対して監査役会に報告すべき事項を通知したときは、当該事項を監査役会へ報告することを要しないとされています（法 395 条）。この場合でも、監査役会議事録の作成が求められます（施 109 条 4 項）。

3　監査役会の議事録

(1)　議事録の作成

　監査役会の議事については、議事録を作成し、議事録を書面で作成する場合は、出席した監査役がこれに署名または記名押印しなければなりません（法393 条 2 項）。議事録は電磁的記録で作成することも可能ですが、その場合は、法務省令で定める署名または記名押印に代わる措置として、電子署名をしなければなりません（同条 3 項、施 225 条 1 項 7 号）。

　監査役会決議に参加し、議事録に異議をとどめない監査役は、その決議に賛成したものと推定されます（法 393 条 4 項）。そのため、監査役会に遅刻または早退した監査役については、その旨を議事録に明記しておく必要があります。

　議事録に記載または記録する必要のある事項は以下のとおりです（法 393 条 2 項、施 109 条 3 項）。

---

①　開催日時・場所（当該場所にいない監査役、取締役、会計参与または会計監査人が出席した場合の出席方法を含む）

②　議事の経過の要領およびその結果

③　会社法の規定により取締役、会計参与または会計監査人から監査役会において述べられた意見または発言があるときは、その概要

④　出席した取締役、会計参与または会計監査人の氏名または名称

⑤　議長がいるときはその氏名

　なお、上記 2 (2)のとおり、法 395 条により監査役会への報告が省略された場合であっても、施行規則上、監査役会議事録の作成が求められますが、記載または記録する必要のある事項は以下のとおりです（施 109 条 4 項）。

①	監査役会への報告を要しないものとされた事項の内容
②	監査役会への報告を要しないものとされた日
③	議事録の作成にかかる職務を行った監査役の氏名

ただし、出席監査役が存在しないため、議事録への署名または記名押印は必要ありません（法393条2項参照）。

(2)　議事録の備置き

監査役会設置会社は、監査役会の日から10年間、監査役会議事録をその本店に備え置かなければなりません（法394条1項）。備置きの主体は「監査役会」ではなく「監査役会設置会社」と規定されていますので、備置きは当該会社の業務執行であると解されます。備置きを具体的に担当するのは、取締役会において指定された取締役になると考えられます。

法定の備置期間である10年を超えて監査役会議事録を保管する場合、当該議事録は閲覧・謄写請求の対象にはならないと考えられますが、民事訴訟法上の文書提出命令によって開示の対象とされる可能性があります。

(3)　議事録の閲覧・謄写請求

株主がその権利を行使するため必要があるとき、債権者が役員の責任を追及するため必要があるとき、および親会社社員がその権利を行使するため必要があるときには、裁判所の許可を得て、監査役会議事録の閲覧・謄写を請求することができます（法394条2項・3項）。もっとも、裁判所が、こうした閲覧・謄写により、当該監査役会設置会社またはその親会社もしくは子会社に著しい損害を及ぼすおそれがあると認めるときは、閲覧・謄写の許可をすることができません（同条4項）。

Q29　監査役会の運営②

監査役会の運営にあたっての留意事項を教えてください。

監査役会の運営については、法令、定款、監査役会規則等に従って行う必要があります（会社法の規定については Q26、28 等参照）。監査役による監査の実効性を確保するには、監査役会の運営の活性化が不可欠となります。そのためには、非常勤監査役や社外監査役を含む監査役全員の出席を確保し、活発な意見交換と審議を行うことが必要です。

72 第2章 監査役と監査役会

1 監査役会の運営の活性化

監査役会の運営を活性化させるためのポイントとしては、以下のようなものが考えられます。

---

① 監査役全員が監査役会に出席すること。全員出席を確保するため、会社や監査役会事務局において工夫すること（下記2参照）

② 議題・議案その他審議に必要な情報は、十分な事前準備が可能な期間を置いて、各監査役に書面（迅速性の観点からメールの活用も要検討）で連絡すること

③ 議長は、各監査役が積極的かつ忌憚なく発言するように促すこと

④ 各監査役の職務執行の分担を設けた場合、議長は、各監査役の職務執行の状況を報告させるとともに、担当外の監査役から積極的な意見を求めること

⑤ 決議・協議事項は、十分な資料に基づき、全員が納得いくまで審議を尽くすこと

⑥ 監査役全員が、監査役に関連する会社法その他関連法令、監査役会規則に精通していること

⑦ 監査役会規則が会社法の規定に適合しているかを確認すること（特に法改正時に注意）

---

2 監査役全員の出席確保

前述のとおり、監査役会の運営の活性化のためには、監査役全員が監査役会に出席することが重要になります。この点に関しては、常勤監査役であれば監査役会への出席は比較的容易と思われるため、監査役全員の出席を確保するには、非常勤監査役・社外監査役の出席を確保することが特に重要となります。非常勤取締役・社外監査役の出席を確保するには、監査役全員の都合を考慮しながら年間の監査役会の開催日時をあらかじめ決定し、非常勤監査役・社外監査役の予定を確保しておくことが必要です。具体的には、たとえば毎事業年度初めまたは定時株主総会のタイミングで、年間の監査役会の日程を確定し、監査役全員に通知しておくことが考えられます。事前に日程を通知していたにもかかわらず、非常勤監査役・社外監査役の都合が合わなくなるような場合は、できるだけ早く他の監査役と調整して日程を変更する等、可能な限り監査役全員が出席できる日時を調整するよう努力する必要があります。

Q30 監査役会の決議要件

監査役会の決議要件を教えてください。監査役全員の同意が求められる事項には、どのようなものがありますか。

監査役会の決議は、監査役の過半数をもって行います（法393条1項）。定足数の定めはないため、監査役の過半数をもって行うとは、実際に監査役会に出席した監査役の人数にかかわらず、監査役全員の過半数によって行うということを意味します。また、監査役会の決議要件は、定款等によって加重または軽減することは認められないと解されています。現存する監査役の数が法令・定款に定める下限を下回っている場合については、その下限の人数の過半数をもって決議を行うとする見解もあります（江頭533頁）。もっとも、実務上は、監査役会の決議の有効性を担保するため、補欠監査役を予選しておくか、一時監査役の選任を請求することで監査役の欠員を解消することが多いと考えられます（法329条3項、346条2項）。

これに対して、以下のものについては監査役全員の同意が必要となります。

---

① 会計監査人の解任（法340条4項・2項）
② 各監査役の報酬等について定款の定めまたは株主総会の決議がない場合における当該報酬等の決定（法387条2項）
③ 取締役の会社に対する責任の一部免除等の議案の提出（法425条3項、426条2項、427条3項）
④ 株主代表訴訟等につき会社が被告側に補助参加する申出をすること（法849条3項1号）

これらの場合、監査役全員の同意が確認できればよく、別途監査役会の決議を経ることは必要ありません。旧商法では、上記のうち①、③および④について監査役の全員一致による監査役会決議が要求されていましたが、会社法では、監査役全員の同意を要求するものの、監査役会の決議を要するとすると緊急の場合に決定が困難になるとの理由から監査役会の決議までは要しないものとしました。上記②については、旧商法時代から監査役会の決議は要求されなかったものの、監査役の協議による全員一致の決定を要すると解されていました。

Q31 監査役会決議の省略の可否

取締役会と同様、定款に定めがあれば、監査役会の決議を省略することはできますか。

取締役会とは異なり、監査役会では、定款の定めに基づく決議の省略（法370条参照）は認められていません。

もっとも、取締役会と同様に、電話会議やテレビ会議の方法による出席は可

能です。この場合、監査役会議事録に、監査役会の開催場所にいない者の出席方法を記載または記録することになります（施109条3項1号）。

Q32　取締役等の監査役会に対する報告義務とその例外

　取締役等は、監査役会に対してどのようなことを報告することが義務づけられていますか。また、どのような場合に監査役会への報告を省略することができきますか。

　取締役、会計参与、監査役および会計監査人は、会社法上、一定の事項を監査役会に報告する義務を負っています（法357条1項・2項、375条1項・2項、390条4項、397条1項・3項）。ただし、監査役の全員に対して監査役会に報告すべき事項を書面で通知したときは、当該事項を監査役会へ報告することを要しないとされています（法395条）。

1　取締役等の監査役会に対する報告義務

　監査役会設置会社においては、①取締役は、会社に著しい損害を及ぼすおそれのある事実があることを発見したときはただちに（法357条1項・2項）、②会計参与または会計監査人は、その職務を行うに際して取締役の職務執行に関し不正行為または法令もしくは定款に違反する重大な事実を発見したときは遅滞なく（法375条1項・2項、397条1項・3項）、当該事実を監査役会に報告しなければなりません。また、監査役は、監査役会の求めがあるときは、いつでもその職務執行の状況を監査役会に報告しなければなりません（法390条4項）。これらは、違法行為の阻止等の是正権限や報告権限を有する監査役会の情報収集上の困難を緩和し、監査役会による実効性のある是正対応等を可能にさせる趣旨です。

　かかる報告を受けた監査役会がとりうる対応としては、取締役会の招集請求または招集（法383条2項・3項）、取締役会における意見陳述（法383条1項）、取締役または取締役会に対する違法事実等の報告（法382条）、取締役に対する違法行為差止請求（法385条1項）等があげられます。

2　報告義務の例外

　上記のような報告義務にもかかわらず、取締役、会計参与、監査役または会計監査人が監査役の全員に対して監査役会に報告すべき事項を通知したときは、当該事項を監査役会へ報告することを要しないとされています（法395条）。取締役、会計参与および会計監査人は、上記のように監査役会に対する報告義

務を負うものの、監査役会の招集権限を持たないこととの関係で、法律関係を明確化するため、報告の省略が認められることとなりました。もっとも、監査役には監査役会の招集権限があるため、監査役による監査役会への報告（法390条4項）の場合にも省略を認める点については、監査役会制度の存在意義を乏しくするため、立法論として疑問が呈されています（江頭534頁注4等）。

なお、監査役会への報告が省略された場合、監査役会議事録の作成が求められ（施109条4項）、本店備置きおよび閲覧・謄写の対象となります（法394条）。議事録には、①監査役会への報告を要しないものとされた事項の内容、②報告を要しないものとされた日、③議事録の作成にかかる職務を行った監査役の氏名が記載または記録されます（施109条4項各号）。出席監査役が存在しないため、議事録への署名または記名押印は行われません（法393条2項・3項参照）。

③ 監査役と会計監査人

Q33　会計監査人の選任・解任・再任に関する監査役の権限

会計監査人の選任、解任、再任に関する監査役の権限を教えてください。

監査役設置会社において、株主総会に提出する会計監査人の選任・解任、および会計監査人を再任しないことに関する議案の内容は、監査役が決定します（法344条1項）。監査役が2人以上ある場合はその過半数をもって、監査役会設置会社の場合は監査役会が決定します（同条2項・3項）。

また、監査役は、一定の重大事由が発生した場合に、その会計監査人を解任することができます（法340条1項）。かかる解任権の行使は、監査役が2人以上ある場合には監査役全員の同意によって行わなければなりません（同条2項）。監査役会設置会社では、監査役会に解任権がありますが、その行使は監査役全員の同意によって行わなければなりません（同条4項）。

さらに、監査役または監査役会は、会計監査人が欠けた場合または定款で定めた会計監査人の員数が欠けた場合、遅滞なく会計監査人が選任されないときは、一時会計監査人の職務を行うべき者を選任しなければなりません（法346条4項・6項）。

1 会計監査人の選任等に関する議案の決定

平成 26 年会社法改正までは、取締役が会計監査人の選任の議案および解任・不再任の議案を株主総会に提出するには監査役または監査役会の同意が必要であり（監査役の拒否権）、監査役または監査役会は取締役に対し、当該選任議案等を株主総会に提出するよう請求することもできました（監査役の提案権）。しかし、このような制度については、会計監査人の独立性を確保する観点からは必ずしも十分ではないとの指摘がありました。そこで、平成 26 年会社法改正においては、会計監査人の選任等に関する議案の内容は、監査役設置会社については監査役が、監査役会設置会社については監査役会が決定することになりました。

取締役や取締役会は、会計監査人の選任等に関する議案の内容を決定することはできず、監査役または監査役会が決定した議案の内容の取消しや変更をすることはできません。監査役または監査役会がこうした議案を決定した場合は、取締役または取締役会は当該議案について決議するための株主総会を招集することになります（法 298 条）。

なお、上記のような法改正の経緯に照らし、会計監査人の選任等の議案の決定について、取締役が監査役または監査役会に対して原案を提示することも認められないと解されています（江頭 613 頁）。また、事業報告には、会計監査人の解任または不再任の決定方針を記載する必要があるところ（施 126 条 4 号）、上記のとおり、会計監査人の解任または不再任の議案についての決定権を有するのは監査役（会）ですので、会計監査人の解任等の決定方針も監査役（会）が決めるのが整合的です。監査役（会）としては、取締役（会）が事業報告を作成する前に当該方針を決定し、これを取締役（会）に伝える必要があるでしょう。

2 会計監査人の解任権

会計監査人の解任は、原則として株主総会の普通決議を要します（法 339 条 1 項、341 条）。しかし、一定の重大事由が発生した場合に限り、例外的に、監査役全員の同意または監査役会の決定により、会計監査人を解任することができます（法 340 条 1 項・2 項・4 項）。上場会社等では、会計監査人への信頼を失わせる重大な事由が発生した場合も、臨時株主総会を招集することが容易ではない場合が多いため、監査役または監査役会による会計監査人の解任権が設けられています。

監査役会設置会社の場合、かかる解任権を行使するには監査役全員の同意が

必要ですが（法340条2項・4項）、監査役会の決議までは必要ありません（江頭534頁、614頁）。

監査役または監査役会による会計監査人の解任が認められる事由は以下のとおりです（法340条1項）。

> ① 会計監査人が職務上の義務に違反し、または職務を怠ったとき
> ② 会計監査人としてふさわしくない非行があったとき
> ③ 心身の故障のため、職務の執行に支障があり、またはこれに堪えないとき

監査役または監査役会による会計監査人の解任は、あくまでも例外的な措置であるため、仮に上記のような法定解任事由がある場合でも、株主総会の開催が迫っており、それを待って解任しても会社に著しい損害が生ずるおそれがない場合は、株主総会による解任決議に委ねてもよいと解されています。もっとも、株主総会の開催を待たずに監査役または監査役会が解任したとしても、法定解任事由がある限り、当該解任は有効です。

上記のような法定解任事由がないにもかかわらず監査役全員の同意によって会計監査人を解任した場合の効力については争いがあります（①違法な解任は当然に無効であり、監査をなすべき者が監査していない計算書類には瑕疵が生ずるとする見解、②法定解任事由は不確定な概念であり、判断の幅がありうるため、法的安定性の見地から、事後的に裁判所が解任事由なしと判断したとしても、会計監査人に損害賠償請求が認められるにとどまるとする見解等。江頭614頁）。

会計監査人が株主総会決議によって解任された場合は、その解任について正当な理由がある場合を除き、解任によって生じた損害の賠償を会社に対して請求することができますが（法339条2項）、法340条1項の法定解任事由に基づいて監査役または監査役会によって解任された場合は、正当な理由による解任として、会計監査人の損害賠償請求権は認められません。

かかる会計監査人の解任を行った場合は、監査役（監査役が2人以上いる場合は互選で定めた監査役、監査役会設置会社の場合は監査役会が選定した監査役）は、その旨および解任理由を、解任後最初に招集される株主総会に報告しなければなりません（法340条3項・4項）。なお、解任された会計監査人が不当な解任であると考える場合は、解任後最初に招集される株主総会に出席して、解任についての意見を述べることができます（法345条5項・1項・2項）。

3 一時会計監査人の選任権

会計監査人が欠けた場合または定款で定めた会計監査人の員数が欠けた場合

は、遅滞なく後任の選任の手続をしなければなりませんが、遅滞なくその選任がなされないときは、監査役または監査役会は、一時会計監査人を選任しなければなりません（法346条4項・6項）。なお、会計監査人の後任の選任や一時会計監査人の選任に懈怠がある場合は、過料に処せられます（法976条22号）。

一時会計監査人の資格や欠格事由は、通常の会計監査人と同様です（法346条5項、337条）。

一時会計監査人を選任した場合は、会計監査人の任期の自動更新について定める法338条2項の適用はなく、選任後最初に招集される株主総会で会計監査人を選任しなければなりません（江頭615頁）。

Q34　会計監査人の報酬決定に関する監査役の権限

会計監査人の報酬決定に関する監査役の権限を教えてください。

会計監査人または一時会計監査人に対する報酬等は、定款や株主総会決議によって定める必要はありません。もっとも、取締役が当該報酬等を定める場合には、監査役（監査役が2人以上ある場合はその過半数）の同意を得なければならず、監査役会設置会社の場合は、監査役会の同意が必要です（法399条1項・2項）。

取締役は会計監査人の監査を受ける立場であるため、取締役のみが会計監査人の報酬等の決定にかかわるとすれば、取締役が会計監査人の報酬を過度に抑制する結果、会計監査人が適切な監査の質量を確保できなくなる、あるいは、過剰な報酬を与える結果、会計監査人が会計監査に手心を加える、といった事態が生じるおそれがあります。そこで会社法は、こうした事態を防止するため、取締役による会計監査人の報酬等の決定について監査役に同意権を与えることにより、会計監査人の報酬の適正さを確保し、会計監査人の独立性の保持を図っています。

もっとも、同意の対象となるのは、会計監査人・一時会計監査人の職務に対する報酬等に限定され、それ以外の業務についての報酬（金商法に基づく財務諸表の監査報酬、コンサルタント報酬等）の決定には監査役の同意は不要とされます。そのため、会計監査人としての報酬をそれなりに抑えつつ、それ以外の業務についての報酬を取締役と会計監査人との合意で多額に設定することで、会計監査人の独立性が害されるおそれもあります。この点、法は情報開示によってかかる可能性を抑えようとしています。すなわち、会計監査人設置会社

は、①会計監査人としての報酬等の額、および、②非監査業務（公認会計士法2条1項に定める業務（財務諸表の監査）以外の業務）の対価を支払っているときは、その非監査業務の内容を、事業報告の内容としなければなりません（施126条2号・3号）。もっとも、非監査業務の報酬額や財務諸表の監査に対する報酬額は開示の対象とされません。そのため、監査役（会）としては、会計監査人の独立性を確保するべく、会計監査人の職務に対する報酬額に加えて、開示の対象とされない報酬額についても当否の判断をしていくことが期待されます。

　こうした当否の判断においては、以下のような事項に留意することが考えられます（新任監査役ガイド102〜103頁参照）。

> ①　会社が会計監査人に支払っている報酬額について、取締役や会計監査人から必要かつ十分な資料を入手しているか
> ②　監査契約や監査計画の内容は、適正な監査を確保するために適切なものか
> ③　実際の会計監査の職務遂行状況は、監査計画の内容に照らして適切か
> ④　監査報酬額は、監査計画の内容や業界相場に照らして相当か
> ⑤　非監査業務の報酬額は、業務の質量や業界相場に照らして相当か、監査報酬額と比べて大きくなっていないか
> ⑥　会社法の監査報酬と金商法の監査報酬とが明確に峻別できるか（できない場合は、報酬の総額について一括して同意の対象とすることが望ましい）
> ⑦　監査役による同意は書面で行うこと

4　監査役と登記

Q35　監査役と登記

　監査役に関しては、どのような登記が必要ですか。

　監査役に関しては、以下の事項を登記する必要があります（法911条3項17号・18号・24号・25号、915条1項）。

> ①　監査役設置会社であるときは、aその旨、b監査役の監査の範囲を会計監査に限定する旨の定款の定めがあるときはその旨、c監査役の氏名
> ②　監査役会設置会社であるときは、aその旨、b監査役のうち社外監査役であるものについては社外監査役である旨

③ 監査役の責任免除または責任限定契約の締結について定款の定めがある場合
（法426条1項、427条1項）は、その定め
④ 上記各号に掲げる事項に変更が生じたときは、変更の登記

1 監査役設置会社の登記

上記①については、平成26年会社法改正前は、会計監査に権限が限定される監査役を置いた株式会社は、会社法上「監査役設置会社」に該当しないにもかかわらず（法2条9号）、登記上は単に「監査役設置会社」として登記されていたため、公示の観点から問題があるとの指摘がありました。この問題は、法改正によって上記①(b)が新たに登記事項となったことで解決されました（なお、会計監査限定である旨は、役員区に登記されます）。

2 社外監査役の登記

上記③の責任限定契約に関する登記については、平成26年会社法改正によって、責任限定契約の人的対象が業務執行取締役等を除く取締役や監査役にも拡大されたことに伴い（法427条1項）、責任限定契約にかかる社外監査役である旨の登記は廃止され、監査役の責任限定契約の締結にかかる定款の定めがある旨の登記で足りることになりました（法911条3項25号）。そのため、社外監査役については、社外監査役を置くことが義務とされる監査役会設置会社に限り、社外監査役である旨の登記が必要となります（同項18号）。

3 変更の登記

上記①～③の事項が変更した場合は、2週間以内に、その本店の所在地において変更の登記をしなければなりません（法915条1項）。たとえば、監査役の就任、重任、退任等も変更登記の対象となります。

なお、監査役が1名しかいない会社で監査役が欠けた場合や、会社法もしくは定款で定めた監査役の員数が欠けた場合、任期の満了または辞任により退任した監査役は、新たに選任された監査役が就任するまで、なお監査役としての権利義務を有するとされています（法346条1項）。このように、監査役に欠員が生じた場合は、新たに選任された監査役が就任するまで、退任した監査役は引き続き監査役としての資格を継続しているのと変わりません。そのため、判例上は、監査役の退任登記は、新たに選任された監査役が就任するまでは許されないとされています（詳細はQ14参照）。ただし、登記実務上は、現実に退任した日が退任の日付として登記されます。

第3章 監査の実施

① 監査体制・監査の方法

Q36 監査役の独任制

監査役は独任制だといわれますが、どのような意味ですか。

　監査役の独任制とは、複数の監査役がいる場合にも各自が単独でその権限を行使できることを意味します。取締役による業務執行は多数決による決定に適していますが、監査役による適法性の判断は多数決にはなじまないためです。この点は監査役会設置会社であっても妥当します。会社法は、監査役会が、監査の方針、業務および財産の状況の調査の方法その他監査役の職務に関する事項（職務分担）を定めた場合であっても、監査役の権限の行使を妨げることはできない旨規定し、監査役の独任制を明らかにしています（法390条2項ただし書）。

　監査役の独任制の趣旨は、①監査役は、監査役会監査報告の内容と自己の監査役監査報告の内容とが異なる場合には、監査役監査報告に自己の監査役監査報告の内容を付記できること（施130条2項後段、計123条2項後段、128条2項後段）、②招集権者を限定できる取締役会と異なり（法366条）、監査役会は監査役が単独で招集できること（法391条）等に表れています。

　もっとも、実務上は、各監査役の経験・知識、社内・社外の別、常勤・非常勤の別等を考慮して監査役の職務の分担を定めて、組織的・効率的な監査を実施することが重要です。

82 第3章 監査の実施

Q37 監査役の職務分担

監査役の職務分担を定めることは可能ですか。また、どのように職務を分担すればよいでしょうか。

可能です。まず、監査役会設置会社の場合には、その決定（決議）をもって、監査の方針、会社の業務・財産の状況の調査の方法その他の監査役の職務の執行に関する事項を定めることができるので（法390条2項3号）、監査役会は各監査役の職務の分担を定めることができます。また、監査役会を設置しない会社であっても、複数名の監査役の間で職務の分担を定めることは、特段禁止されていません。複数の監査役の職務分担により、調査の重複等を避けた組織的・効率的な監査が可能になります。

もっとも、各監査役が分担された職務以外の権限を行使することを阻止できないため（法390条2項ただし書参照）、職務分担を定めることの法的意義は、定められた分担が合理的と判断される限り、各監査役は、自己の分担外の事項については職務遂行上の注意義務が軽減される点にあるにすぎないと理解されています。

具体的な職務分担のあり方について見てみると、監査役会設置会社においては、非常勤監査役の主な役割は取締役会への出席となり、それ以外の重要な会議への出席は常勤監査役の役割とすることが多いようです。これは、社外監査役が中心の非常勤監査役は、本業との兼ね合いで時間的な制約が多く、日常的に監査業務にかかわることが難しいことにもよると考えられます。また、常勤監査役が複数いる場合には、監査計画において、往査や面談が重複しないよう工夫することが実務上は重要です。もっとも、日本監査役協会が平成27年に実施したアンケートの集計結果である「役員等の構成の変化などに関する第16回インターネット・アンケート集計結果（監査役（会）設置会社版）」によれば、監査役・監査役会設置会社では、平均して、監査役数の合計は3.19人、常勤監査役は1.31人、非常勤監査役は1.88人となっており、多くの会社には常勤監査役は1名しかいないのが実態ですから、非常勤監査役の役割を取締役会への出席に限定する場合には、常勤監査役の職務分担が過大になりかねないこと（監査の実効性確保のためにはQ39で述べる監査役スタッフの充実等が欠かせないこと）に留意すべきでしょう。

Q38 監査役への報告体制

監査役への報告体制を整備する必要があるといわれますが、監査役への報告体制とはどのようなものでしょうか。

取締役・取締役会は、監査役への報告体制を整備する必要があり、その整備にあたっては以下の点に留意する必要があります。

1 報告体制の整備の必要性

大会社（法2条6号）または指名委員会等設置会社（同条12号）においては、取締役・取締役会は、内部統制システムの一環として、取締役および使用人が監査役に報告をするための体制（子会社の取締役、監査役および使用人が監査役に直接または間接に報告するための体制も含みます）等監査役への報告体制を整備しなければなりません（法348条3項4号・4項、施98条4項4号、法362条4項6号・5項、施100条3項4号）。厳密にいうと、大会社または指名委員会等設置会社の取締役・取締役会においてしなければならないことは、内部統制システムの整備についての決定であり、内部統制システムを整備しないという決定をしても、それ自体で法348条4項等に違反するわけではないと考えられていますが、会社が企業集団の業務の適正を確保するために必要な体制を整備していない場合には、当該株式会社の取締役が善管注意義務の違反に問われる可能性がありますから、実務上は、上記のような監査役への報告体制を整えることが必要です（監査役監査基準20条1項参照）。

2 グループレベルの報告体制（平成26年会社法改正）

ここでいう報告体制は、当該会社単体のものに限られないことに留意が必要です。これまでも監査役への報告体制はグループレベルのものも含まれると解釈されていましたが、平成26年の会社法改正により、監査役の報告体制には、会社単体における監査役への報告体制（施98条4項4号イ、100条3項4号イ）に加えて、当該株式会社の子会社の役職員または当該役職員から報告を受けた者が当該株式会社の監査役に報告するための体制が含まれることが明記されました（施98条4項4号ロ、100条3項4項ロ）。これは、監査を支える体制や監査役による使用人からの情報収集に関する体制の充実・具体化を図るための改正です。

ところで、監査役への報告体制というときの「報告」は、監査役に対する直接の報告に限られません。社内外の適切な窓口を介して間接的に監査役への報

告がされることも認められています。たとえば、子会社の監査役や当該監査役設置会社のグループ内部統制部門等が子会社の役職員から報告される情報を取りまとめて当該株式会社の監査役に報告する体制にすることが考えられます。さらには、「報告」という言葉には監査役から見ると「報告を受ける」という意味において受動的な響きがありますが、監査役への報告体制には、監査役が積極的に役職員からヒアリングを行うための体制や、内部統制部門等がその調査によりヒアリングした内容を監査役に報告するための体制も含まれます。

網羅的なグループレベルの報告体制を図式化すると以下のようになりますが、どのような報告体制を構築するか（下記のうちどの報告ルートを機能させるか）は、効率的で実効性のある報告体制という観点から、各社の実情に応じて判断していくこととなります。

図表 3-38　監査役へのグループレベルでの報告体制

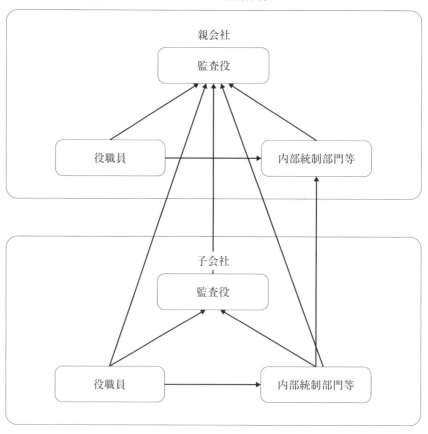

3　監査役への報告体制に関する社内規定の整備

　実務的には、監査役への報告体制に関する社内規則を整備する必要があり、その中で、取締役が監査役・監査役会に対して定期的に報告する事項および定期的に報告を行う者、臨時に報告を行うべき事項を定めることになります（監査役監査基準20条3項・4項参照）。また、会社に内部通報システムが置かれているときは、重要な情報が監査役にも提供されるようにすること、通報を行った者が通報を行ったことを理由として不利な取扱いを受けないことが確保されていることが必要です（法348条3項4号・4項、施98条4項5号、法362条4項6号・5項、施100条3項5号。監査役監査基準20条5項参照、コーポレートガバナンス・コード補充原則2-5①参照）。

Q39　監査役スタッフ

　監査役の補助者（監査役スタッフ）の役割や留意点について教えてください。

　監査役の職務は多岐にわたるため、実務上、その職務を補助する者が必要であり、そのような補助者を一般に監査役スタッフと呼んでいます。
　監査役スタッフは、監査役会等の事務局機能、議事録等の作成、監査の事前準備、監査の同行等、監査役の職務の補助をします。

1　法令上の位置づけ

　監査役スタッフを置くことは「監査役の職務の執行のための必要な体制」の1つと考えられるため（監査環境の整備）、法令上も、取締役・取締役会はその整備に留意しなければなりません（施105条2項）。もっとも、取締役または取締役会の法令上の義務は、あくまで監査役の職務の執行のための必要な体制の整備に留意することですから、監査役スタッフを置かないからといって、そのことをもってただちに法令違反になるわけではありません。
　監査役スタッフの整備は、内部統制システムの一部を構成するため、監査役スタッフを置く場合には、監査役スタッフは取締役からの独立性が求められます（施98条4項2号、100条3項2号）。

2　実務上の留意点（ベスト・プラクティス）

　監査役スタッフに関する上記のような法令上の位置づけをふまえ、ベスト・プラクティスとしては、監査・監査役会の事務局は、専任の監査役スタッフがあたることが望ましく、専任者の配置が困難な場合には、少なくとも1人の兼任者を置くことが必要であると考えられています（監査役監査基準18条2項

参照）。

　また、監査役スタッフの独立性および監査役スタッフに対する指示の実行性の確保のためには、次のような事項について検討する必要があるとされています（監査役監査基準19条2項参照）。

①　監査役スタッフの権限（調査権限・情報収集権限のほか、必要に応じて監査役の指示に基づき会議へ出席する権限等を含む）

②　監査役スタッフの属する組織

③　監査役の監査役スタッフに対する指揮命令権

④　監査役スタッフの人事異動、人事評価、懲戒処分等に対する監査役の同意見

⑤　必要な知識・能力を備えた専任または兼任の監査役スタッフの適切な員数の確保、兼任の監査役スタッフの監査役の圃場業務への従事体制

⑥　監査役スタッフの活動に関する費用の確保

⑦　内部統制部門等の監査役スタッフに対する協力体制

　具体的には、監査役スタッフが属する組織を独立した組織で監査役直属とすることが望ましく、所属する組織が取締役に属する場合であっても、実質的な職務の分担として監査役補助職務の専任担当者を置くことがよいとされています。また、監査役スタッフが、取締役の下に所属する組織の上長等の指揮命令を受けないようにすることも重要です。監査役スタッフの人事異動・人事評価・懲戒処分について監査役に同意権を与えることも有効と考えられます。監査役スタッフがその職務を遂行するために必要な情報収集等の権限を社内規程上明確にしておくことも大切です（監査役監査実施要領第2章第2項第1の2⑵）。

3　実際の設置状況

　では、監査役スタッフの設置状況はどのようになっているのでしょうか。

　日本監査役協会が平成27年に実施したアンケートの集計結果である「役員等の構成の変化などに関する第16回インターネット・アンケート集計結果（監査役（会）設置会社版）」によれば、監査役・監査役会設置会社では、1人でも監査役スタッフを置いている会社は全体の43.8％にすぎず、残り56.2％の会社ではそもそも監査役スタッフが置かれていません。また、日本監査役協会の調査によれば、監査役スタッフを置かない会社の数はむしろ増加しています。

　次に、上記のアンケート結果によれば、監査役スタッフを設置している会社における専任者・兼任者の状況は以下のとおりであり、専任の監査役スタッフを設置する会社は全体の約3分の1にすぎません。

図表3-39-1　監査役スタッフ専任者・兼任者の状況

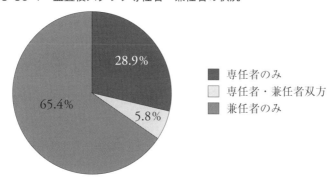

　監査役スタッフの平均人数は、全体で1.86人、専属は0.67人、兼任は1.19人となっており、監査役スタッフは置かれている場合でも2名未満、その多くは専任者ではないというが実態のようです。
　ちなみに、兼任監査役スタッフの兼任部署は以下のとおりであり、内部監査部門系のスタッフが全体のほぼ半数を占めているといえます。

図表3-39-2　監査役スタッフの兼務部署

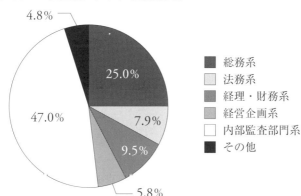

　最後に、監査役スタッフの独立性を人事権の面から見てみると、次のとおりとなっており、監査役による同意見を通じて監査役スタッフの独立性確保が目指されています。

図表 3-39-3　監査役スタッフ選任にかかる人事権

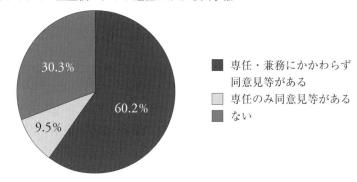

適正な監査役スタッフの規模や内容は、会社の規模や会社全体のガバナンス体制との相関関係で決まるべきものですが、日本監査役協会の上記アンケート結果を見る限り、総じていえば、監査役スタッフの整備状況は十分とはいえないように思われます。

Q40　内部監査部門との連携

内部監査部門等とどのように連携すべきか教えてください。

内部監査部門は、任意の組織であり、通常は取締役会の指揮の下で、業務執行者からは独立した立場で、内部統制の整備・運用状況を検討・評価し、改善を促す職務を担う組織です。内部監査部門は、取締役会の指揮下にあるという意味において、監査役・監査役会と立場を異にしますが、監査を行うという意味では、共通した役割を担っています。

そこで、監査役は、会社の業務および財産の状況の調査その他の監査業務の執行にあたり、会社の内部統制部門（内部監査部門その他内部統制システムにおけるモニタリング機能を所管する部署）と緊密な連携を保ち、組織的かつ効率的な監査を実施する必要があります（監査役監査基準37条1項参照）。監査役は、内部統制部門等からその監査計画と監査結果について定期的に報告を受け、必要に応じて調査を求めます。そのような内部統制部門の監査結果を、内部統制システムに関する監査役監査において活用することとなります（同条2項参照）。

Q41　子会社の監査役等との連携

子会社の監査役等とどのように連携すべきか教えてください。

親会社の監査役は、その職務を行うために必要があるときは、子会社に対し、事業の報告を求め、または子会社の業務・財産の情報を調査することができます（法381条3項、976条5号）。このような権限は、粉飾決算、自己株式取得規制違反等の違反行為が子会社を通じて行われた例が少なくないこと等から認められています。

他方で、子会社の監査役には、親会社に対する調査権は認められておりません。しかし、親会社との取引が非通例的な条件のものか否か等の監査には親会社側の情報が有用な場合が少なくありません。

そこで、親会社の監査役と子会社の監査役の双方にとって、連携が重要になってきます。

具体的な連携方法としては、次のようなものがあります（新任監査役ガイド54頁）。

① グループ監査役連絡会等を定期的に開催し、監査方針等の連絡や、監査計画・監査の実施状況等の情報交換、監査環境や各種の問題等の検討、研修・勉強等の場を設ける

② 必要に応じて、子会社の監査役等と個別に連携をとる

③ 子会社の監査役等は、監査環境が整っていない中で職務の遂行をすることが多く、種々の悩みや問題を抱えている場合も少なくないので、その相談に乗り、あるいはグループ全体の立場から解決を図る

④ 子会社の調査にあたっては、子会社の監査役等と事前に連携をとる

Q42　会計監査人との連携

会計監査人とどのように連携すべきか教えてください。

会計監査人設置会社（法2条11号、328条）では、会社外部の会計専門家としての立場で会計監査人が第一次的に会計監査を行いますが、監査役は、業務監査によって会社内部の実態を熟知した立場から、計算関係書類が会社の状況を適正に表示しているか否かに関する総合的・重点的な調査等を行います。また、監査役は、会計監査人の独立性をはじめとする監査環境に留意し、会計監

査人の監査の方法と結果の相当性を判断することを通じ、計算関係書類の適正性を確保するという会計監査の責任を負っています。

1 会社法上の定め

会計監査人設置会社は、監査等委員会設置会社および指名委員会等設置会社を除き、監査役を置かなければならず（法327条3項）、また、監査役の権限を会計監査に限定することができません（法389条1項）。これは、会計監査人による会計監査の制度を有効に機能させるためには、監査対象である取締役からの会計監査人の独立性の確保が重要であり、そのためには、監査役による業務監査が不可欠と考えられるためです。つまり、会社法自体が、会計監査人と監査役の協働を予定しているといえます。

さらに具体的に見ていくと、監査役は、その職務を行うために必要があるときは、会計監査人に対し、その監査（会計監査）に関する報告を求めることができます（法397条2項・4項・5項）。監査役も会計監査の一端を担っていること、および、会計監査人の有する情報が業務監査に役立つことが多いことから認められている権限です。会計監査における会計監査人と監査役の連携を担保する定めといえます。

また、会計監査人は、その職務を行うに際して取締役の職務の執行に関し不正の事実または法令・定款に違反する重大な事実があることを発見したときは、遅滞なく、これを監査役・監査役会に報告しなればなりません（法397条1項・3項）。業務監査は会計監査人の職責ではありませんが、会計監査の際に取締役等の不正行為等を発見することがありうるため、このような義務が会計監査人に課されています。つまり、会社法は、業務監査においても、会計監査人と監査役の連携を予定しています。

では、以上のような会社法の定めを前提に、監査役は、実務上、どのように会計監査人と連携していけばよいのでしょうか。

2 実務上の要請

実務上は、監査役は、会計監査人と定期的に会合を持ち、必要に応じて会計監査人に監査役会への出席を求めるほか、会計監査人から監査に関する報告を適時かつ随時に受領し、積極的に意見および情報の交換を行う等、会計監査人と緊密な連携を保ち実効的かつ効率的な監査を行うことになります（監査役監査基準47条1項参照）。監査役は、必要に応じて、会計監査人の往査および監査講評に立ち会うほか、会計監査人に対し、監査の実施経過について報告を求めることもあります（同条4項参照）。

Q43 常勤監査役と社外監査役

常勤監査役と社外監査役はどのように連携すべきか教えてください。

会社法上、常勤監査役・社外監査役の権限・義務・責任等について差異はありませんが、常勤監査役と社外監査役には、次のような役割の違いがあるため、そのような役割の違いに応じて両者が連携する必要があります。

1 常勤監査役の役割

会社法の条文上定義はありませんが、常勤監査役とは、他に常勤の仕事がなく、会社の営業時間中原則としてその会社の監査役の職務に専念する者をいいます（Q9参照）。監査役会設置会社は、監査役の中から、常勤監査役を選定しなければなりません（法390条2項2号・3項）。これは、監査役会の設置が強制される公開会社（法2条5号）である大会社（同条6号）の監査役の仕事量は、常勤者を必要とするという認識に基づいています。

常勤監査役には、常勤者としての特性をふまえ、監査の環境の整備および社内の情報の収集に積極的に努め、かつ、内部統制システムの構築・運用の状況を日常的に監視し、検証することが期待されています（監査役監査基準4条2項参照）。また、社外監査役との役割分担という観点から見た場合には、その職務の遂行上知りえた情報を、他の監査役（特に社外監査役）と共有することが重要な役割の1つです（同条3項参照）。

2 社外監査役の役割

法令用語ではありませんが、常勤監査役でない者が非常勤監査役であり、実務上、非常勤監査役の多くが社外監査役です。

社外監査役は、監査体制の独立性および中立性をいっそう高めるために法令上その選任が義務づけられている者ですから、中立の立場から客観的に監査意見を表明することが特に期待されています（監査役監査基準5条1項・2項参照）。また、独立役員に選定された社外監査役は、一般株主の利益をふまえた公平で公正な経営の意思決定のための行動が特に期待されており、必要があるときは、一般株主への利益の配慮の観点から代表取締役や取締役会に対して意見を述べる必要があります（同条4項参照）。

3 連携のあり方

常勤監査役と社外監査役の役割の違いをふまえると、常勤監査役から社外監査役に対して、組織、風土、事業内容等の会社の実情に精通した立場から、監

査の基礎となるべき情報の提供、固有の問題点の示唆等がなされ、反対に、社外監査役から常勤監査役に対しては、客観的、中立的な意見の示唆、専門的知見、社外情報の提供がなされることにより、相互に補完し、監査の質を高めることが期待されているといえます。

Q44　社外取締役との連携

社外取締役とどのように連携すべきか教えてください。

監査役・監査役会と社外取締役は、客観的な立場から取締役による業務執行を監督するという意味において共通した役割を持っており、両者が協働・連携することは企業統治の観点から望ましいことです。

具体的には、監査役は、社外取締役と定期的に会合を持つ等、会社が対処すべき課題、会社を取り巻くリスクのほか、監査上の重要課題等について社外取締役と意見を交換し、もって監査の実効性を高めることが期待されています（監査役監査基準16条3項、コーポレートガバナンス・コード補充原則4-8①参照。取締役等との意思疎通・情報収集については **Q100** を参照）。

② 監査役の職務と権限

Q45　業務監査と会計監査

業務監査と会計監査の違いを教えてください。

監査役の職務には、大きく分けて、業務監査と会計監査があります。

1　業務監査

監査役は、取締役の業務の執行を監査します（法381条1項）。業務監査の内容は、会社法で明確に定められているわけではありませんが、おおむね次の内容からなります（監査役監査基準21条2項参照）。

①　取締役会決議その他における取締役の意思決定の状況および取締役会の監督義務の履行状況を監視し検証すること

②　取締役が内部統制システムを適切に構築・運用しているかを監視し検証すること

③　取締役が会社の目的外の行為その他法令もしくは定款に違反する行為を

し、またはするおそれがあと認めたとき、会社に著しい損害または重大な事故等を招くおそれがある事実を認めたとき、会社の業務に著しく不当な事実を認めたときは、取締役に対して助言または勧告を行う等、必要な措置を講じること

④ 取締役から会社に著しい損害が発生するおそれがある旨の報告を受けた場合には、必要な調査を行い、取締役に対して助言または勧告を行う等、状況に応じて適切な措置を講じること

もう少し詳しい内容については、**Q49** をご参照ください。

2 会計監査

業務監査に対し、会計監査とは、事業年度を通じて取締役の職務の執行を監視し検証することにより、当該事業年度にかかる計算関係書類（計算書類およびその附属明細書ならびに連結計算書類等。計2条3項3号）が会社の財産および損益の状況を適正に表示しているかどうかに関する会計監査人の監査の方法および結果の相当性について、監査することをいいます（監査役監査基準30条1項参照）。

もう少し詳しい内容については、**Q56** をご参照ください。

Q46 監査役の権限

監査役にはどのような権限がありますか。

監査役には、会社法上、次のような権限が認められています。株主総会に関連する監査役の権限については、**Q87** をご参照ください。

1 報告請求・業務財産調査

監査役は、いつでも、取締役・会計参与・使用人に対し事業の報告を求め、または、会社の業務・財産の状況を調査することができます（法381条2項、976条5号）。取締役会への出席義務（法383条1項）は、業務財産調査権の一環と見ることもできます。監査役は、必要があれば、業務財産調査権を行使して、常務会、経営会議等に出席することもできます。詳しくは**Q95**、**96**、**101**等をご参照ください。

2 子会社調査

監査役は、その職務を行うために必要があるときは、子会社に対し、事業の報告を求め、または子会社の業務・財産の情報を調査することができます（法381条3項、976条5号）。詳しくは**Q51**、**52**、**53**をご参照ください。

3 取締役会の招集

監査役は、取締役が法令・定款違反の行為をし、またはその行為をするおそれがあると認めるとき等には、取締役会の招集を請求することができ、場合により自ら取締役会を招集することができます（法383条2項・3項）。詳しくはQ102をご参照ください。

4 取締役の行為の差止め

取締役の法令・定款に違反する行為により会社に著しい損害が生ずるおそれがあるときは、監査役は、その行為の差止めを当該取締役に対して請求することができます。これは通常は裁判所に対し仮処分命令を申し立てることにより行使されますが、監査役の申立ての場合には、裁判所は担保を立てさせる必要がありません（法385条）。詳しくはQ103をご参照ください。

5 取締役との訴えにおける会社の代表

監査役は、会社が取締役に対しまたは取締役が会社に対し訴えを提起する場合等に会社を代表する権限を有しています（法868条）。詳しくは、Q105以下をご参照ください。

6 取締役の責任の一部免除等への同意

次の場合には、監査役全員の同意（監査役会の多数決ではありません）を要します（監査役会の多数決ではありません）。

① 取締役の会社に対する責任または特定責任に関する完全子会社等の取締役の責任を一部免除する議案を株主総会に提出する場合（法425条3項1号）

② 取締役・取締役会の決定により取締役の会社に対する責任の一部免除ができる旨の定款変更議案を株主総会に提出する場合ならびに当該定款に基づく責任免除につき取締役の同意を得る場合および責任免除議案を取締役会に提出する場合（法426条2項）

③ 非業務執行取締役の会社に対する責任につき責任限定契約を締結できる旨の定款変更議案を株主総会に提出する場合（法427条3項）

④ 株主代表訴訟につき会社が取締役側に補助参加の申出をなす場合、または、株式交換等完全親会社・最終完全親会社等がその子会社の取締役側に補助参加する申出をなす場合（法849条3項1号）

また、株主代表訴訟につきなされる会社が当事者でない訴訟上の和解に関し裁判所がなす通知・異議催告については、監査役に受領権限があります（法386条2項2号）。

7 各種の訴え・申立て

監査役は、会社の組織に関する行為の無効の訴え（法828条2項）および株主総会決議取消しの訴え（法831条1項）を提起することができ、また、特別清算開始の申立て（法511条1項）および特別清算開始後の調査命令の申立て（法522条1項I）をなすことができます。

8 会計監査人に対する報告請求

監査役は、必要があるときは、会計監査人に対し、その監査（会計監査報告）に関する報告を求めることができます（法397条2項・4項・5項）。

9 会計監査人の解任

監査役は、会計監査人が職務上の義務に違反し、または職務を行ったとき等所定の解任事由に該当するときは、監査役全員の同意によって（監査役会の多数決ではありません）、会計監査人を解任することができます（法340条）。詳しくはQ33をご参照ください。

Q47 監査役の義務

監査役にはどのような義務がありますか。

監査役には、会社法上、次のような義務があります。

1 取締役会への出席義務

取締役会設置会社の監査役には、取締役会への出席し、必要があると認めると認めるときは、意見を述べる義務があります（法383条1項）。詳しくはQ95をご参照ください。

2 関係者との意思疎通・情報収集の努力義務

監査役には、その職務を適切に遂行するため、会社・子会社の取締役・会計参与・使用人等と意思疎通を図り、情報の収集および監査の環境の整備に努め、必要に応じ、他の監査役等との意思疎通および情報の交換に努める義務があります（法381条1項、施105条2項・4項）。

3 取締役会等への報告義務

監査役には、取締役が不正の行為をし、もしくは当該行為をするおそれがあると認めるとき、または、法令・定款に違反する事実もしくは著しく不当な事実があると認めるときは、遅滞なく、その旨を取締役・取締役会に報告する義務があります（法382条）。詳しくはQ101以下をご参照ください。

4 監査報告の作成義務

監査役は、事業年度ごとに監査報告を作成し（法 381 条 1 項、436 条 1 項、施 129 条、計 122 条、127 条）、これを株主、会社債権者・親会社社員の閲覧等に供しなければなりません（法 437 条、442 条）。詳しくは **Q74** 以下をご参照ください。

5 株主総会における説明義務

監査役は、株主総会において、株主が求めた事項について説明しなければなりません（法 314 条、施 71 条）。詳しくは **Q91** をご参照ください。

6 株主総会提出議案・書類の調査・報告

監査役は、取締役が株主総会に提出しようとする議案、書類その他法務省令で定めるもの（施 106 条）を調査し、法令・定款に違反しまたは著しく不当な事項があると認めるときは、その調査の結果を株主総会に報告しなければなりません（法 384 条）。

7 監査役会への報告義務

監査役は、監査役会の求めがあるときは、いつでもその職務の執行の状況を監査役会に報告しなければなりません（法 390 条 4 項）。

8 一時会計監査人の選任

会計監査人が欠けた場合または定款所定の会計監査人の員数が欠けた場合において、遅滞なく臨時株主総会を招集する等して会計監査人を選任することが困難なときは、監査役全員の同意により、一時会計監査人の職務を行うべき者を選任しなければなりません（法 346 条 4 項〜8 項）。詳しくは **Q33** をご参照ください。

Q48 適法性監査と妥当性監査

適法性監査と妥当性監査の違いを教えてください。

一般に、取締役相互または取締役会による取締役の職務執行の監督は業務執行の妥当性にまで及ぶのに対し、監査役による業務監査は業務執行の適法性（法令・定款違反）の監査に限られているとされています。前者を妥当性監査、後者を適法性監査と呼びます。取締役等による妥当性監査と監査役等による適法性監査の違いは、理論上は、取締役や取締役会には業務執行担当者の選任・解任権限があるのに対して（法 362 条 2 項 3 号、363 条 1 項、349 条 3 項）、監査役にはそのような権限がないことに求められています。

もっとも、監査役が違反の有無を監査すべき「法令」には、①株主・会社債権者の利益の保護を目的とする具体的な規定（法156条、356条1項、365条等）、②取締役の善管注意義務・忠実義務を定める一般的な規定（法330条、355条）だけでなく、③公益の保護を目的とする規定（独占禁止法・労働関係法規等）を含むすべての法令が含まれるとされています。②の取締役の善管注意義務・忠実義務は、法律上の義務ですが（したがってその監査は形式的には適法性監査に属しますが）、違反の有無を判断するにあたっては、取締役の事実認識に重要かつ不注意な誤りがなかったか、取締役の意思決定過程が合理的であったか、意思決定内容が通常の企業経営者として明らかに不合理でないかといったことに立ち入らなければならないため（監査役監査基準22条1項）、実態は妥当性監査に近いといえます。

また、監査役には取締役の責任の一部免除等への同意権が与えられていますが、ここでは、監査役には、取締役の会社に対する責任の一部免除等が会社の利益になるか否かの判断が求められます。これは、違法性監査と異質であり、妥当性監査の領域に属すると考えられています。

さらに、監査役は、内部統制システムの整備についての取締役の決定・取締役会の決議の内容または体制の運用状況が相当でないときは、監査役は、監査報告にその旨およびその理由を記載しなければなりませんが（施129条1項5号）、ここでいう相当性には、開示の相当性、決議内容の相当性、運用の相当性が含まれていると解されており、これもまた適法性の監査とは異質のものです。

このように見てくると、適法性監査と妥当性監査は理論上の一応の整理と理解するにとどめ、実務上は、個々の局面で、監査役に求められている役割・義務を具体的に見ていくことが重要といえるでしょう。

③　業務監査

Q49　業務監査の概要

業務監査の概要を教えてください。

業務監査では、取締役の職務の執行について、法令・定款に適合しているか、善管注意義務・忠実義務に違反していないか等を監査します。具体的には、次

のような点について、会社経営のあらゆる分野にわたって監査し、不正行為や法令・定款違反その他の問題があるときは、取締役会等に報告・指摘・助言・勧告し、または当該行為の差止めを請求します（新任監査役ガイド14頁）。

① 取締役の職務の遂行に関し、不正行為や法令・定款違反の重大な事実はないか

　ア 取締役・取締役会は、善管注意義務に基づき、経営判断の原則に配慮して、業務執行の意思決定を下しているか

　イ 取締役会は、取締役の職務の執行を適切に監督しているか

　ウ 競業取引・利益相反取引は、所定の承認を受けているか。忠実義務違反はないか

② 内部統制システムにかかる取締役会決議の内容は相当か

　ア 法令等遵守体制、リスク管理体制、情報保存管理体制等の内部統制システムが、適切に整備（構築・運用）されているか

　イ 取締役・取締役会は、体制の整備状況等を把握し、欠陥や問題に適切に対処しているか

　ウ 必要な見直しが適時・適切に行われているか

　エ 財務報告の適正性を確保するための体制の整備状況はどうか

③ 事業報告等は、法令・定款に従い、会社の状況を正しく示しているか

④ 買収防衛策等に関して指摘すべき事項はないか

このような業務監査は期中監査または日常監査とも呼ばれ、取締役等との意思疎通、重要な会議への出席、重要な書類の閲覧、本社・事業所への調査等を通じて行われます。監査の結果は、監査役会に報告し、不備や問題点を認めたときには、代表取締役その他の関係者に報告・指摘・助言・勧告を行います。

Q50　法令遵守体制の監査

法令遵守体制の監査の留意点を教えてください。

　取締役による業務執行に法令・定款違反等がないか、法令遵守体制の整備（構築・運用）に問題がないかを監査することは、監査役の最も基本的な任務です。もっとも、監査役が違反の有無を監査すべき「法令」には、①株主・会社債権者の利益の保護を目的とする具体的な規定（法156条、356条1項、365条等）、②取締役の善管注意義務・忠実義務を定める一般的な規定（法330条、355条）だけでなく、③公益の保護を目的とする規定（独占禁止法・労働関係法

規等）を含むすべての法令が含まれており、法令遵守体制の監査は容易ではありません。

このように法令遵守体制の監査は容易ではないという認識に立ちつつ、実務的には以下のような点に留意して、監査をしていくことになります（新任監査役ガイド62頁）。

① 企業風土はどうか。風通しはよいか。隠ぺい体質がないか。収益確保や業務の上の都合が法令順守に優先していないか

② 競業取引・自己取引・利益相反取引・関連会社との取引等について、取締役会への報告・取締役会による承認はなされているか

③ 役員法務研修は実施されているか

④ 関係法令等の制定・改廃を常時把握する仕組みは構築されているか

⑤ 関係法令に関する経営陣や従業員の理解度はどうか

⑥ 法令違反等のこれまでの発生状況はどうか。問題への対応は適時に的確になされているのか

⑦ 労務人事関連の問題やセクハラはないか（労働基準法、社会保険関係法、男女雇用機会均等法等）

⑧ 取引先に無理を押しつけていないか（独占禁止法、下請法）

⑨ 社内外の相談・通報窓口は機能しているか（公益通報者保護法）

Q51 子会社の監査

子会社の監査にあたっての留意点を教えてください。

監査役は、その職務を行うために必要があるときは、子会社に対し、事業の報告を求め、または子会社の業務・財産の情報を調査することができます（法381条3項、976条5号）。もっとも、子会社の監査は、原則としては、あくまで子会社の監査役自身が行うことには留意が必要です。

親会社の監査役による子会社の監査を実効あらしめるためには、監査の端緒を提供するものとして、子会社の取締役等および使用人またはこれらの者から報告を受けた者が親会社の監査役に報告するための体制（施100条3項4号ロ）の整備が欠かせません（Q38参照）。子会社において発生した問題に関する情報が子会社内にとどまらないようにするためには、通常の報告ルートに加えて、グループ全体を対象とする内部通報による報告を認める等、複数のルートによる報告体制を整備することが望ましいといえます。

100　第3章　監査の実施

必要な調査ができなかった場合には、監査役としてはその旨を監査報告に記載することとなります（施129条1項4号）。

Q52　海外子会社の監査

海外子会社の監査にあたっての留意点を教えてください。

子会社には、外国法に基づいて設立された会社・組合も含まれるため、監査役は必要があれば、海外の子会社についても調査することになります。もっとも、外国法に基づいて設立された会社には必ずしも親会社の監査役による調査に応じる義務はないため（外国子会社の内部関係には設立準拠法が適用されるためです）、親会社の取締役の協力（子会社に対する事実上の支配力の行使）がないと、調査は功を奏さない可能性があります。

そこで、実務的には、親会社の取締役および使用人等から、子会社の管理の状況について報告または説明を受け、関係資料を閲覧することが出発点となります。また、子会社の監査役、内部統制部門等および会計監査法人等と積極的に意思疎通および情報の交換を行うことも必要です。合弁会社等、他の株主の存在も無視できないような場合には、株主間協定書等の中で、あらかじめ親会社による子会社の調査の権限・内容等について明確にしておくことが大切です。

親会社の取締役および使用人等、子会社の監査役、内部統制部門等および会計監査法人等からの情報収集では十分でない場合には、現地に出向いて調査（往査）することも考えられます。海外子会社の場合には言語や法制の違い等の問題がありますから、現地の弁護士や会計士等の専門家への調査依頼も欠かせません。

なお、具体的な監査事項については、日本監査役協会がそのウェブサイトにおいて、海外子会社の監査において典型的に必要となる監査項目を、和文英文併記の形で「海外監査チェックリスト」として公表しており、参考になります。

Q53　子会社による報告・調査の拒絶

子会社が親会社の監査役による報告または調査に拒むことができる「正当な理由」とはどのようなものですか。

監査役は、その職務を行うために必要があるときは、子会社に対し、事業の報告を求め、または子会社の業務・財産の情報を調査することができますが

（法381条3項、976条5号）、子会社は、正当な理由があるときは、報告または調査を拒むことができます（法381条4項）。では、どのような場合に、「正当な理由」が認められるのでしょうか。

この点については、見解が分かれています。監査役の子会社に対する報告請求または業務および財産の状況調査は、監査役の職務遂行に必要な場合にその範囲において認められるため（法381条1項）、不必要な報告・調査請求または権限濫用といえるような請求に限って拒めるという見解と、それでは同条4項の独自性がないとして、監査役の請求が適法である場合であっても、たとえば、営業上の秘密の保持上調査に応じがたい客観的かつ正当な理由がある場合には、「正当な理由」があるとする見解です。

もっとも、いずれの見解であっても、「正当な理由」は子会社の側で証明しなければならないという点では一致しています。

また、いずれにしても、報告または調査に拒む「正当な理由」の存在をめぐって親会社の監査役が子会社と対立することは有意義ではありませんので、実務的には、内部統制システム全体の中で、子会社による親会社への監査役の報告体制・報告事由を明確に定めるとともに、普段から、親会社の監査役は、子会社の監査役その他これらに相当するものとの意思疎通および情報交換を図ることが重要です（施105条4項参照）。

Q54　事業報告の監査

事業報告を監査する際の留意事項を教えてください。

事業報告の監査は次のように行います。

事業報告の監査は、期中監査（日常監査）との対比でいえば、期末監査に位置づけられます。会計監査人設置会社の場合には計算関係書類は会計監査人が主に監査しますが、事業報告とその附属明細書は、会計監査人の設置の有無にかかわらず、監査役だけが監査を行うため、監査役の責任は重大です。

1　事業報告の監査の手順

監査役（監査役会）は、事業報告を、それを作成した取締役から受領したときは、一定の日までに、特定取締役に対し、監査報告の内容を通知しなければなりません（法381条1項後段、390条2項1号、施132条1項）。詳細については、Q72をご参照ください。

事業報告は、特定取締役が当該監査報告の内容の通知を受けた日に、監査役

102　第3章　監査の実施

（監査役会）の監査を受けたものとなります（施132条2項）。

2　事業報告の記載内容

業務監査事項に関する監査報告には、次の事項を記載しなければなりません。

① 業務監査の方法・内容（施129条1項1号）

② 事業報告・その附属明細書が法令・定款に従い会社の状況を正しく示しているかどうかについての意見（同項2号）

③ 取締役の職務の遂行に関し不正の行為または法令・定款に違反する重大な事実があったときはその事実（同項3号）

④ 監査のため必要な調査ができなかったときはその旨およびその理由（同項4号）

⑤ 大会社（法2条6号）における内部統制システムの整備についての取締役の決定・取締役会の決議の内容または当該システムの運用状況が相当でないと認めるときはその旨およびその理由（施129条1項5号）

⑥ 会社の支配に関する基本方針（買収防衛策等）または親会社等との取引にかかる事項が事業報告・附属明細書の内容となっているときは当該事項についての意見（同項6号）

ただし、監査役の監査の範囲を会計に関するものに限定する旨の定款の定めがある会社（法389条1項）の監査役は、事業報告を監査する権限がないことを明らかにした監査報告を作成しなければなりません（施129条2項）。

3　監査のポイント

事業報告の監査は、主に次のような点に留意して行います。

① 事業報告・附属明細書の記載内容が法定記載事項を網羅しているか

② 事業報告・附属明細書の記載内容が会社の状況を正しく示しているか。事業年度を通じての監査結果と異なることはないか

③ 上場会社の場合、決算短信の内容との整合性に問題がないか

④ 社外監査役の活動状況その他監査役に関する事項について、適切に記載されているか

⑤ 事業報告・附属明細書が本店・支店に適切に備置きされているか

Q55　利益相反取引等、特に留意すべき監査事項

利益相反取引等、特に留意すべき監査事項について教えてください。

次の事項については、取締役の善管注意義務違反、忠実義務違反の可能性が

高いため、特に慎重に監査する必要があります（監査役監査実施要領第8章第7項第1の1）。

① 競業取引・利益相反取引（施128条、計112条）

② 関連当事者との一般的でない取引（施118条5号、128条3項、計112条）

③ 株主等の権利の行使に関する利益供与、贈収賄（計117条3号）

④ 自己株式の取得・処分等

会社法制定前は、支配株主等との通例的でない取引に関する監査役会の監査義務が法令上定められていましたが（平成18年改正前商法施行規則133条1項3号）、会社法の下で削除されていました。しかし、平成26年会社法改正により、子会社少数株主の保護の観点から、個別注記表（計112条1項）等に表示された親会社等との利益相反取引に関し、会社の利益を害さないように留意した事項や、当該取引が会社の利益を害さないかどうかについての取締役（会）の判断およびその理由等を事業報告の内容とし（施118条5号、128条3項）、これらについての意見を監査報告の内容とすることになりました（施129条1項6号）。

関連当事者との取引に関しては、コーポレートガバナンス・コード原則1-7を受けて、会社および株主共同の利益を害することがないよう、取締役会が取引の重要性・性質に応じて適切な検討の手続を定め当該手続をふまえた監視を行う場合、監査役はその取締役会の職務執行の状況についても監査を行うことになると考えられています（監査役監査基準26条3項の補足説明）。

上記①〜④の類型ごとの、実務上の留意点は次のとおりです。

1 競業取引、利益相反取引

⑴ 監査役による監査

監査役は、次のような事項を調査することになります。

① 会社と役員との取引の状況、役員の他社役員兼任・他社業務執行取締役等兼任の状況および役員の他社出資の状況が漏れなく把握される仕組みになっているか

② 当該他社の事業の種類等および取引状況により競業取引・利益相反取引（自己取引）に該当するか否かの判定が適正になされる仕組みになっているか

③ 該当取引について、取締役会の承認および報告が必ず行われるように取締役会規程に明示されているか

104 第3章 監査の実施

④ 該当取引について、取締役会に適法に付議され、利害関係取締役を除いて適法に決議されているか

⑤ 承認後の取引事後報告が取締役会に適法になされているか

⑥ 包括承認された取引に関する状況の報告が定期的になされているか

⑦ 公開会社の場合、会計参与以外の役員の重要な兼職の状況についての事業報告記載および会計参与以外の役員の重要な兼職の状況の明細についての事業報告の附属明細書の記載が適法になされているか

⑧ 個別注記表（計112条1項）等に表示された親会社等との利益相反取引に関し、会社の利益を害さないように留意した事項、当該取引が会社の利益を害さないかどうかについての取締役（会）の判断およびその理由等が適切に事業報告に記載されているか

(2) 会計監査人からの報告聴取

会計監査人が競業取引・利益相反取引について調査を行った場合は、その結果を聴取するようにします。

(3) 取引条件等の確認

利益相反取引については、適法に取締役会に付議し承認されても、取引によって会社に損害が生じた場合は、当該取締役および決議に賛成した取締役は任務を怠ったものと推定され、損害賠償責任が生じえます（法423条3項）。

監査役は、該当する取引の取引条件等について、「一般競争入札、その他当該取引に係る条件につき市場価格その他当該取引に係る公正な価格を勘案して一般の取引の条件と同様であることが明白〔計112条2項〕であって会社に損害が生じるおそれがない取引」であるか否かを確認し、会社に損害が生じるおそれがあると認められる場合は、必要に応じ監査役会において審議の上、その事実を指摘して損害のおそれがある取引をやめるよう取締役に勧告する等の措置をとる必要があります。

2 関連当事者との一般的でない取引に関する調査

(1) 「一般的でない取引」に関する情報入手

監査役は、次のような一般的でない取引について、報告を受ける仕組みを取締役と協議し、適時に報告を受けるようにします。

・決算期前後の大量取引

・取引価格の異常な取引、条件の恣意的変更

・無利息、低利、無担保、担保不足、返済期限のない融資、無担保債務保証

・不当価格の有価証券取引

・買戻条件付等の条件付取引

・債権肩代り、債権譲渡、債務免除

・無償・低廉の賃貸借

・株主発行物の多量購入、多額の広告料支払い

・株主との独占的扱いの商取引

(2) チェック体制の確認

　監査役は、親会社、子会社、関連会社（以下本問において「子会社等」といいます）または株主との取引について、取引の審査、決済の仕組みにおいて一般的でない取引がチェックできる体制になっているか確認します。

(3) 経理帳票による調査、子会社等の訪問調査

　監査役は、子会社等との取引について、取引内訳表、債権債務明細票、保証債務明細票等において、年度ごとの金額増減に異常はないか調査するとともに、子会社等の訪問調査の際等に異常な取引の有無を調査することになります。

(4) 会計監査人からの報告聴取

　会計監査人が一般的でない取引について調査を行った場合は、その結果を聴取するようにします。

(5) 「関連当事者との取引に関する注記」の確認

　監査役は、計算書類における「関連当事者との取引に関する注記」に必要な記載事項が適法に記載されているか確認します。

　親会社等との取引が会社の利益を害さないかどうかについての取締役（会）の判断方法等については、Q84もご参照ください。

3　株主等の権利の行使に関する利益供与、贈収賄に関する調査

(1) 寄付金等の調査

　監査役は、株主等の権利の行使に関する利益供与、贈収賄に該当するおそれがあると考えられる支出がどの費用項目として処理されるか把握し、監査の対象として注目すべき費用項目について次のとおり調査することになります。

（例：会費、寄付金、献金、奨励金、広告費、図書・調査費、交際費、雑費等。以下「寄付金等」といいます）

① 寄付金等の支出承認にあたって事前申請、審査、決裁等の仕組みが整備され、手続やチェック項目に適合しない場合は、出金ができない仕組みとなっているか

② 寄付金等に関する管理責任者が明定され、寄付金等支出の目的、性格が区分整理できる会計処理がなされているか

106　第3章　監査の実施

③　寄付金等支出の中で、十分なチェックをすべき支出については、監査役
　　に事前に報告される仕組みとなっているか

⑵　数字の変化に注目

　監査役は、適時に、個別の支出状況の明細を閲覧し、新規の支出または予算
額以上の支出や費用が急激に増加または減少している場合等、必要に応じて実
情を調査するようにします。

⑶　内部監査部門との連携および実地調査

　監査役は、内部監査部門等の監査結果を聴取し、必要に応じ本社を含む事業
所実地調査の際、関係書類を閲覧し、管理責任者から説明を受けるようにしま
す。

⑷　会計監査人からの報告聴取

　会計監査人が寄付金等について調査を行った場合は、その結果を聴取するす
るようにします。

⑸　販売費および一般管理費の明細の内容調査

　監査役は、計算書類にかかる附属明細書の「販売費および一般管理費の明
細」の内容の説明を受け、寄付金等の支出状況について説明を受けるようにし
ます。

⑹　「関連当事者との取引に関する注記」の確認

　監査役は、計算書類における「関連当事者との取引に関する注記」に必要な
記載事項が適法に記載されているか確認します。

4　自己株式の取得、処分等に関する調査

⑴　手続、実務の法令遵守状況の確認

　監査役は、自己株式の取得および処分等について、会社法上の規定、金融商
品取引法上の規定、内部者取引（インサイダー）規制の規定および開示に関す
る規定等が遵守されているかについて、株主総会の決議内容、取締役会の議案
および決議の状況を調査するとともに、実務処理の状況について担当部署から
資料に基づく説明を受け、株式事務を代行会社に委託している場合は、当該会
社から提供される帳票等を閲覧する等により、確認するようにします。

⑵　会計監査人からの報告聴取

　会計監査人が自己株式の取得および処分等について調査を行った場合は、そ
の結果を聴取するようにします。

⑶　開示についての調査

　監査役は、金商法による「自己株券買付状況報告書」、「有価証券報告書」、

会社法による「貸借対照表」、「株主資本等変動計算書」についての自己株式にかかる開示について、適法な開示がなされているか確認します。

④ 会計監査

Q56　会計監査の概要

会計監査の概要を教えてください。

監査役設置会社においては計算関係書類とその附属明細書は、監査役の監査を受けなければなりません（法436条1項、441条2項、444条4項）。これを会計監査といいますが、そのスケジュールや監査報告の内容は、①会計監査人設置会社以外の会社と、②会計監査人設置会社とで異なります。

1　会計監査人設置会社以外の会社における会計監査

(1)　監査の手順

監査役・監査役会は、計算関係書類を、それを作成した取締役から受領したときは、一定の日までに、特定取締役（通知を受ける者として定められた者、定めなき場合には、計算関係書類を作成した取締役。計124条4項）に対し、監査報告の内容を通知しなければなりません（法381条1項後段、389条2項、390

図表3-56-1　監査スケジュールの例

日時	法的期限	内容
3月31日	決算日	
4月1日	3か月以内	決算処理開始
5月1日	4週間	監査役（会）に計算関係書類を提出
5月22日	1週間	監査役（会）に附属明細書を通知
5月30日		監査役（会）は特定取締役に監査報告の内容を通知
6月7日		取締役会で計算関係書類を承認
6月13日	2週間	株主総会招集通知を発送
6月28日		株主総会

108　第3章　監査の実施

条2項1号、計124条1項）。詳細については、Q72をご参照ください。

　計算関係書類に関する監査報告は、特定取締役が当該監査報告の内容の通知を受けた日に、監査役（監査役会）の監査を受けたものとなります（計124条2項）。

　⑵　監査報告の内容

　会計監査人設置会社以外の会社における計算関係書類にかかる監査役の監査報告は、次の事項を内容としなければなりません。

　①　監査の方法およびその内容（計122条1項1号）

　②　計算関係書類が会社の財産・損益の状況をすべての重要な点において適正に表示しているかどうかについての意見（同項2号）

　③　監査のため必要な調査ができなかったときは、その旨およびその理由（同項3号）

　④　追記情報（同項4号）

　⑤　監査報告を作成した日（同項5号）

　監査役会の監査報告（監査役会監査報告。計123条1項）は、上記の②～④のほか（計123条2項1号）、次の事項も内容としなければなりません。

　⑥　監査役および監査役会の監査の方法およびその内容（同項2号）

　⑦　監査役会監査報告を作成した日（同項3号）

　⑶　その他の留意点

　監査役会監査報告を作成するには、監査役会は、1回以上、会議を開催する方法または情報の受送信により同時に意見を交換することができる方法により、その内容を審議しなければなりません（計123条3項）。監査役会監査報告の内容は、多数決で決定されますが（法393条1項）、ある事項に関する監査役会監査報告の内容と自己の監査報告（監査役監査報告。計123条1項）の内容とが異なる場合には、各監査役は、監査役会監査報告に自己の監査役監査報告の内容を付記することができます（同条2項後段）。

2　会計監査人設置会社における会計監査

　会計監査人設置会社においては、計算関係書類とその附属明細書は、監査役に加えて、会計監査人の監査も受けなければなりません（法436条2項1号、441条2項、444条4項）。

　会計監査人設置会社においては、監査役・監査役会は主に業務監査を担当し、会計監査は主に会計監査人が担当することが予定されています。このため、監査の日程は、会計監査人設置会社以外の場合と異なっています。

4 会計監査 Q56 109

⑴ 監査の手順

　まず、計算関係書類を作成した取締役が監査のために計算関係書類を会計監査人に対し提供しようとするときは、各監査役に対しても提供しなければなりません（計125条）。

　そして、会計監査人は、各事業年度にかかる計算書類およびその附属明細書、または、臨時計算書類については、一定の日までに、特定取締役および特定監査役（通知を受ける監査役として定められた監査役、定めがなければすべての監査役。計130条5項）に対し、会計監査報告（計126条）の内容を通知しなければなりません（法396条1項後段、計130条1項1号2号・2項・3項。なお、臨時計算書類については附属明細書は作成されません）。

　次に、監査役・監査役会は、一定の日までに（計132条1項2号）、特定取締役・会計監査人に対し監査報告の内容を通知しなければなりません。詳細については、Q72をご参照ください。

図表3-56-2　監査スケジュールの例

日時	法的期限	内容
3月31日	決算日	
4月1日	3か月以内	決算処理開始
5月1日	4週間	監査役（会）・会計監査人に計算関係書類・連結計算書類を提出
5月22日	1週間	会計監査人に計算関係書類の附属明細書を通知
5月30日	1週間	会計監査人が特定取締役・特定監査役に会計監査報告の内容を通知
6月7日		特定監査役が特定取締役・会計監査人に計算関係書類・附属明細書・連結計算書類の監査報告の内容を通知 取締役会で計算関係書類・附属明細書・連結計算書類を承認
6月13日	2週間	株主総会招集通知を発送
6月28日		株主総会

110　第 3 章　監査の実施

(2)　監査報告の内容

会計監査人設置会社（法 2 条 11 号）における計算関係書類にかかる監査報告は、次の事項を内容としなければなりません。

①　監査役の監査の方法およびその内容（計 127 条 1 号）

②　会計監査人の監査の方法または結果を相当でないと認めたときは、その旨およびその理由（同条 2 号）

③　重要な後発事象であって会計監査報告の内容となっていないもの（同条 3 号）

④　会計監査人の職務の遂行が適正に実施されることを確保するための体制に関する事項（同条 4 号）

⑤　監査のため必要な調査ができなかったときは、その旨およびその理由（同条 5 号）

⑥　監査報告を作成した日（同条 6 号）

監査役会の監査報告は、多数決によりその内容が決定される点、および、各監査役の意見が付記されることがある点を除き、基本的に監査役の監査報告と同じです（計 128 条）。

Q57　会計監査人設置会社における会計監査

会計監査人設置会社における会計監査の留意点を教えてください。

会計監査人設置会社においては、会計監査は、会計監査人と監査役の両者によって、重畳的・複眼的に行われます。

1　会計監査人設置会社における会計監査の仕組み

まず、会計監査人は、①計算関係書類が、法令や会計基準等に準拠して作成されているか、会社の財産・損益の状況を適切に反映しているかについて、②企業会計審議会の「監査基準」、「監査に関する品質管理基準」や公認会計士協会の実務指針等に従って監査し、計算金木書類の適正性について監査意見を表明します。

次に、監査役は、職業的専門家である会計監査人と同じ視点で重複的な監査をするのではなく、日常の業務監査をふまえた企業人としての総括的・実態的・重点的な視点から、①会計監査人の監査の方法が、「監査基準」等に準拠して職業専門家としての善管注意義務を尽くして適正に行われているかを判断し、②会計監査人の監査の結果が、自らの監査をふまえて相当といえるか判断

し、意見表明します。

2　会計監査人設置会社における監査役による会計監査

会計監査人設置会社における監査役による会計監査は、おおむね次のようになります。

① 独自の会計監査
　　ア　期初に、会計方針等を監査する
　　イ　期中に、会計監査を実施する
　　ウ　期末に、計算関係書類を監査する
② 会計監査人の監査の方法と結果の相当性の判断
　　ア　会計監査人の適格性を判断する
　　イ　期初に、監査計画の妥当性を監視・検証する
　　ウ　期中に、監査実施状況を監視・検証する
　　エ　期末に、会計監査報告と監査実施報告書を監視・検証する
③ 独自の会計監査の結果と会計監査人による会計監査の結果を照合する

Q58　会計監査人による監査の相当性の判断

会計監査人による監査の相当性を判断するためには、どのような点に留意すべきですか。

会計監査人設置会社においては、会計監査は主に会計監査人が担当することから、監査役・監査役会は、会計に関する監査報告には、基本的には、会計監査人の監査の方法または結果を相当でないと認めたときに、その旨およびその理由が記載されれば足りることとされています（計127条2号、128条2項2号）。

この観点から、監査役が行う作業は、会計方針（会計処理の原則および手続ならびに表示方法その他計算関係書類作成の基本となる事項）が、会社財産の状況、計算関係書類に及ぼす影響、適用すべき会計基準および公正な会計慣行等に照らして適正であるかについて、会計監査人の意見を得て、これを検証する、といったものになります。

具体的には、監査役による会社法の計算関係書類にかかる監査および会計監査人の監査の方法と結果の相当性の判断については、月次、四半期、中間期、事業年度末の決算の状況等の把握および年間を通しての会計監査人との連携（会合時の会計監査人からの報告聴取と意見交換、会計監査人が経営者他経理部門等

112 第3章 監査の実施

と協議した内容の聴取、会計監査時の立会等）の積み重ねの中で見解を形成する
ものです。したがって、監査役は、四半期または半期終了時等節目の時期その
他の期中において、また、事業年度末の決算監査において確認した会計監査人
の職務遂行の適正確保体制、監査方針・計画と実績、監査日数・時間、監査の
方法、監査結果等の報告内容と監査役自らの監査内容とを照らし合わせ、会計
監査人の監査の方法および結果の相当性を判断します。

　監査役が、会計監査人の監査の方法と結果の相当性判断に際して、問題があ
ると感じた場合は、自ら必要な調査を行い、監査役会に会計監査人の監査の方
法と結果を相当でないと認めた旨および理由ならびに自ら行った監査の方法の
概要または結果を報告し、監査役会において会計監査人の監査の方法および結
果の相当性について審議することになります（監査役監査実施要領第9章第5項
4の(3)）。

Q59　会計監査人に対する監査役会の権限

　会計監査人による監査に対して、監査役（会）にはどのような権限がありま
すか。

　会社法は、会計監査の適正性および信頼性を確保するために、会計監査人に
対する次の権限を監査役に与えています。

① 株主総会に提出する会計監査人の選任・解任・不再任に関する議案の決
　定権（法344条）
② 会計監査人の解任権（法340条）
③ 会計監査人に対する報酬等の同意権（法399条）
④ 会計監査人から報告を受ける権限（法397条1項・3項）
⑤ 会計監査人に報告を求める権限（法397条2項）
⑥ 会計監査人の会計監査報告の内容の通知を受ける権限（計130条）
⑦ 会計監査人の職務遂行に関する事項の通知を受ける権限（計131条）

Q60　監査の対象となる書類およびそのチェックポイント

　監査の対象となる書類およびそのチェックポイントを教えてください。

　監査の対象となる主な書類およびそのチェックポイントは次のとおりです。

1　会社法に基づく計算関係書類

　監査役は、各事業年度における計算関係書類を特定取締役（計130条4項）から受領したら、取締役および使用人等に対して、重要事項について説明を求め確認を行います（監査役監査基準33条1項）。

　また、監査役は、各事業年度における計算関係書類につき、会計監査人から会計監査報告および監査に関する資料を受領したら、会計監査人に対して会計監査上の重要事項について説明を求め、会計監査報告の調査を行います（監査役監査基準33条2項）。

　以上のような監査を行う際には、次の2つの視点が重要です。

　①　計算関係書類が、会社法令と企業会計の慣行に準拠して作成されているか

　②　計算関係書類が、会社の財産・損益の状況を正しく表示しているか

　①および②の観点から適切な監査を行うためには、作成基準である会社法の会計規定・会計計算規則・企業会計の慣行についての基本的知識を持つことが不可欠です。

2　金融商品取引法に基づく有価証券報告書、四半期報告書

　有価証券報告書や四半期報告書は金融商品取引法に基づいて作成が義務づけられた書類ですが、法令上は、監査役による監査は必要とされていません。

　しかしながら、これらの書類は投資家の保護と投資判断に資することを目的として作成される企業情報に関する最重要の開示資料ですから、監査役による業務監査の対象にすべきと考えられます。

　実際、日本監査役協会が平成27年に実施したアンケートの集計結果である「役員等の構成の変化などに関する第16回インターネット・アンケート集計結果（監査役（会）設置会社版）」によれば、72.8％の会社において、監査役が有価証券報告書の監査を行っています。

　有価証券報告書のうち、連結財務諸表と財務諸表は監査法人または公認会計士の監査対象となり、監査報告書が付されます。また、四半期報告書の四半期連結財務諸表または四半期財務諸表も、監査法人または公認会計士の監査対象となり、四半期レビュー報告書が付されます。しかし、これら以外の非財務情報については、監査法人または公認会計士による監査が行われませんから、監査役としては、特に注意して、有価証券報告書等の作成者から説明を受けたり、原資料を取り寄せたりして、重要な内容の正確性を確認する必要があります。

　上記のアンケート結果によれば、具体的な監査状況は、次のようになってい

114 第3章 監査の実施

有価証券報告書作成の業務プロセスを監査した	40.9%
有価証券報告書に関する取締役会決議等の承認プロセスを監査した	58.6%
有価証券報告書のうち財務情報を監査した	60.7%
有価証券報告書のうち非財務情報を監査した	71.9%

3 証券取引所の規則に基づく決算短信、四半期決算短信

　決算短信、四半期決算短信等は、証券取引所の上場規則に基づいて作成が義務づけられている書類ですが、法令上は、監査役による監査は必要とされていません。

　しかしながら、決算短信、四半期決算短信は、会社が最も早期に開示する財務諸表として投資家に与える影響が大きいため、これらは監査役による業務監査の対象となることが通常です。

　実際、日本監査役協会が平成27年に実施したアンケートの集計結果である「役員等の構成の変化などに関する第16回インターネット・アンケート集計結果（監査役（会）設置会社版）」によれば、71.6%の会社において、監査役が決算短信の監査を行っています。

　監査役としては、①正確性・明瞭姓・網羅性等の観点から重要な誤りや誤解を生じさせる内容となっていないか、②決算短信は、事前に会計監査人の意見を十分に聴取しているか、③別途提出される、取引所規則の遵守に関する確認書、コーポレート・ガバナンス報告書は適正に作成され、開示されているか等に留意して監査を行うことになります。

　上記のアンケート結果によれば、具体的な監査状況は、次のようになっています。

決算短信作成の業務プロセスを監査した	35.1%
決算短信に関する取締役会決議等の承認プロセスを監査した	73.0%
決算短信のうち財務情報を監査した	61.1%
決算短信のうち非財務情報を監査した	60.2%

　有価証券報告書の監査が非財務情報を重視しているのと比べると、決算短信の場合には承認プロセスの監査に重きが置かれているのが特徴といえるでしょう。

Q61　会計監査人設置会社以外の監査役設置会社における会計監査

　会計監査人設置会社以外の監査役設置会社における会計監査の留意点を教えてください。

　会計監査人がいない会社においては、監査役は自ら会計監査しなければならず、経理部門に対して積極的に質問し、報告を求めることが必要になります。会計監査人のいない会社における会計監査は、次のように行います（新任監査役ガイド162頁、参考資料9）。期末に取締役から受領する計算関係書類をチェックすることだけが会計監査ではないということがポイントです。

① 期初の会計監査
　ア 重要な会計方針の変更がないか確認する
② 期中の会計監査
　ア 月次決算資料等の確認・分析、帳簿・証憑書類の確認
　イ 往査時の会計的な視点でのチェック
　ウ 会計に関する内部統制の運用の確認
③ 期末の計算関係書類の全般的な監査
　ア 計算関係書類を受け取る前に、決算処理方針や重点事項の説明を受けておく
　イ 計算関係書類の様式・表示が法令の要件を充足しているか確認する
　ウ 貸借対照表・損益計算書の各科目の金額が、総勘定元帳の記載と合致しているか確認する
　エ 貸借対照表・損益計算書の各科目で大きな増減があれば、原因について説明を求め、分析する
④ 貸借対照表の内容の監査
　ア 財産の実在性の確認
　イ 評価の妥当性の監査
　ウ 未計上の負債の確認
⑤ 損益計算書の内容の監査
　ア 月次損益計算書の累計と期末損益計算書の金額に大きな乖離がないか
　イ 期末近くに計上された売上は当期に帰属すべきものか
　ウ 期末費用に大きな計上漏れ、経費の先送りはないか
⑥ 株主資本等変動計算書、個別注記表の内容の監査

116　第3章　監査の実施

　ア　株主資本等変動計算書の前・当期末残高は貸借対照表の表示金額と一
　　致しているか
　イ　株主資本の変動理由は会社の実態に即して適切に表示されているか
　ウ　個別注記表の内容は会社の実態に即して適切に表示されているか

⑤　監査役と内部統制システム

Q62　会社法と内部統制システム

　会社法上、いわゆる内部統制システムに関してどのような定めが置かれているかを教えてください。

　会社法上、大会社である取締役会設置会社、監査等委員会設置会社および指名委員会等設置会社は、内部統制システムに関する事項を決議する必要があると定められています（法362条4項6号、施100条1項等）。また、監査役設置会社（監査役の監査の範囲を会計に関するものに限定する旨の定款規定を置く会社を含む）、監査等委員会設置会社および指名委員会等設置会社については、内部統制システムに関連する事項として、監査役、監査等委員会または監査委員会による職務執行に関する事項を決議する必要があるとされています（同条3項等）。

　以下の図表は、大会社兼監査役設置会社における会社法上の内部統制システムに関する事項を整理したものです。なお、「具体的な内容」のうち下線が引かれた部分は、平成26年会社法改正の際に追加、修正がなされた部分です。

図表3-62　内部統制システムに関する事項

会社法	具体的な内容
362条4項6号	取締役の職務の執行が法令および定款に適合することを確保するための体制その他株式会社の業務ならびに当該株式会社およびその子会社から成る企業集団の業務の適正を確保するために必要なものとして法務省令で定める体制の整備

5　監査役と内部統制システム　Q62　117

会社法施行規則		具体的な内容
100条1項	1号	当該株式会社の取締役の職務の執行にかかる情報の保存および管理に関する体制
	2号	当該株式会社の損失の危険の管理に関する規程その他の体制
	3号	当該株式会社の取締役の職務の執行が効率的に行われることを確保するための体制
	4号	当該株式会社の使用人の職務の執行が法令および定款に適合することを確保するための体制
	5号	次に掲げる体制その他の当該株式会社ならびにその親会社および子会社から成る企業集団における業務の適正を確保するための体制
	イ	当該株式会社の子会社の取締役、執行役、業務を執行する社員、法598条1項の職務を行うべき者その他これらの者に相当する者（ハおよびニにおいて「取締役等」という）の職務の執行にかかる事項の当該株式会社への報告に関する体制
	ロ	当該株式会社の子会社の損失の危険の管理に関する規程その他の体制
	ハ	当該株式会社の子会社の取締役等の職務の執行が効率的に行われることを確保するための体制
	ニ	当該株式会社の子会社の取締役等および使用人の職務の執行が法令および定款に適合することを確保するための体制
100条3項	1号	当該監査役設置会社の監査役がその職務を補助すべき使用人を置くことを求めた場合における当該使用人に関する事項
	2号	前号の使用人の当該監査役設置会社の取締役からの独立性に関する事項
	3号	当該監査役設置会社の監査役の1号の使用人に対する指示の実効性の確保に関する事項
	4号	次に掲げる体制その他の当該監査役設置会社の監査役への報告に関する体制
	イ	当該監査役設置会社の取締役および会計参与ならびに使

118　第3章　監査の実施

会社法施行規則		具体的な内容
		用人が当該監査役設置会社の監査役に報告をするための体制
	ロ	当該監査役設置会社の子会社の取締役、会計参与、監査役、執行役、業務を執行する社員、法598条1項の職務を行うべき者その他これらの者に相当する者および使用人またはこれらの者から報告を受けた者が当該監査役設置会社の監査役に報告をするための体制
5号		前号の報告をした者が当該報告をしたことを理由として不利な取扱いを受けないことを確保するための体制
6号		当該監査役設置会社の監査役の職務の執行について生ずる費用の前払いまたは償還の手続その他の当該職務の執行について生ずる費用または債務の処理にかかる方針に関する事項
7号		その他当該監査役設置会社の監査役の監査が実効的に行われることを確保するための体制

Q63　平成26年会社法改正と内部統制システム

　平成26年会社法改正により、内部統制システムに関する事項にどのような変化が生じたのでしょうか。

　平成26年会社法改正前においては、株式会社およびその子会社から成る企業集団の業務の適正を確保するために必要な体制の整備に関する事項は、「法務省令で定める事項」の1つとして、会社法施行規則に定めが置かれていましたが、企業集団の業務の適正を確保するために必要な体制の重要性等に鑑み、当該体制の整備に関する事項についての定めは会社法に置かれることになりました（法362条4項6号等）。一言でいえば法務省令から法律への格上げ、ということになりますが、かかる改正により、内部統制システムに関する法規制の実質的規律は変更されていないとの考え方が一般的です。

　また、平成26年会社法改正に伴い、内部統制システムに関する事項についての会社法施行規則上の規定も変更されています（変更箇所については**Q62**参照）。この変更は、改正前の規定の内容を実質的に変更するものではなく、改正前の規定の内容をより具体化するためのものと説明されています。

Q64 金商法と内部統制システム

金商法上、いわゆる内部統制システムに関してどのような定めが置かれているかを教えてください。

金商法上、有価証券報告書を提出しなければならない会社（上場会社等）は、事業年度ごとに、当該会社の属する企業集団および当該会社にかかる財務計算に関する書類その他の情報の適正性を確保するために必要な体制について評価した報告書（内部統制報告書）を提出しなければならないとされています（金商24条の4の4第1項）。

この内部統制報告書は、法令上、公認会計士または監査法人の監査の対象とされており（金商193条の2第2項）、監査役の監査の対象とはされていません。もっとも、監査役監査実施要領においては、「内部統制報告書の作成は、取締役の重要な職務執行であり、取締役の職務執行を監査する監査役として……内部統制報告書を監査する監査人と適切な連係を図る必要がある」とされています（監査役監査実施要領第5章第4項第2の5(5)）。

Q65 内部統制システムの監査

内部統制システムはどのように監査するのですか。

監査役（会）設置会社または委員会設置会社において、内部統制システムに関する基本方針の決定・決議がある場合、その内容の相当性が監査の対象となります。実際には、監査役は、次のように内部統制システムの監査を行います。

1 内部統制システムの監査義務

監査役は、次の体制から成る内部統制システムに関して、当該システムの整備に関する取締役会決議の内容および取締役が行う内部統制システムの構築・運用の状況を監視し、検証しなければなりません。

① 取締役および使用人の職務の執行が法令および定款に適合することを確保するための体制

② 取締役の職務の執行にかかる情報の保存および管理に対する体制

③ 損失の危険の管理に関する規程その他の体制

④ 取締役の職務の執行が効率的に行われることを確保するための体制

⑤ 次に掲げる体制その他の会社ならびにその親会社および子会社から成る

企業集団における業務の適性を確保するための体制

イ　子会社の取締役の職務の執行にかかる事項の会社への報告に関する体制

ウ　子会社の損失の危険の管理に関する規程その他の体制

エ　子会社の取締役の職務の執行が効率的に行われることを確保するための体制

オ　子会社の取締役および使用人の職務の執行が法令および定款に適合することを確保するための体制

⑥　監査役監査の実効性を確保するための体制

2　内部統制システムの監査の方法

内部統制システムの監査の方法として法令上定まったものはありませんが、実務的には、内部統制システムの構築・運用の状況についての報告を取締役に対して定期的に求め、また、内部監査部門等との連携および会計監査人からの報告等を通じて行われるのが一般的です。また、必要があると認めたときに、取締役・取締役会に対して内部統制システムの改善を助言または勧告することも監査の方法の1つといえます。

内部統制システムの監査については、日本監査役協会が、ベストプラクティスとして、「内部統制システムに係る監査の実施基準」を公表しています。

3　監査報告への記載

内部統制システムは、監査役の監査が実効的に行われることを確保する上で重要なものなので（施98条4項、100条3項）、内部統制システムの整備についての取締役の決定・取締役会の決議の内容または体制の運用状況が相当でないときは、監査役は、監査報告にその旨およびその理由を記載しなければなりません（施129条1項5号）。

ここでいう相当性には、開示の相当性、決議内容の相当性、運用の相当性が含まれていると解されていますが、これは業務執行の具体的内容に対する適法性の監査と異質のものです。善管注意義務違反とはいえない場合であっても、監査役が求めた補助使用人が配置されていないことや、法令・定款を遵守すべき体制が十分に整っていない等、監査役が内部統制システムを相当でないと判断した場合には、その旨と理由を監査報告に記載しなければなりません。

6 監査計画、監査調書、監査費用 Q66 121

⑥ 監査計画、監査調書、監査費用

Q66 監査の年間スケジュール

監査役としての標準的な年間スケジュールを教えてください。

事業年度の始期と終期の定めの違いに応じて、監査の年間スケジュールは、会社ごとに当然異なりますが、時系列で見るとおおむね次の順になります。

図表 3-66-1　年間監査スケジュール例（大枠）

時期	内容
3 月〜4 月	監査計画策定
4 月〜翌年 3 月	期中監査（日常監査）
4 月〜5 月	期末監査
5 月〜6 月	監査報告作成
6 月	株主総会対応

3 月決算の監査役会・会計監査人設置会社を例にとると、年間スケジュールの概要は次のようになります（新任監査役ガイド 25 頁）。

図表 3-66-2　年間監査スケジュール例（監査役会・会計監査人設置会社）

時期	取締役会	監査役会
6 月	・定時株主総会	・常勤監査役・議長等選定、報酬協議等 ・新任監査役のある場合は監査計画の見直し
7 月〜翌年 3 月	・四半期報告書等提出（8 月、11 月、翌年 2 月）	・期中監査（日常監査） 　—監査環境の整備 　—取締役等との意思疎通・情報収集

122　第3章　監査の実施

時期	取締役会	監査役会	
（翌年3月〜4月）		―会議出席、書類閲覧、本社・事業書等の調査 ―会計監査人・内部監査部門との連携（監査計画、四半期レビュー報告書等の検討、監査立会）	
			・（翌期の）監査計画策定 ＊ただし、総会後の6月に策定する会社も多い
4月〜5月	・計算関係書類・事業報告等の作成・提出	・期末監査 　―計算関係書類 　―事業報告 　―会計監査報告 　―決算短信 　―株主総会招集通知 　―議案等の検討 　―監査立会 　―監査役（会）監査報告提出	・（翌期の）期中監査
6月	・決算承認取締役会 ・招集通知発送 ・定時株主総会 ・有価証券報告書等提出	・有価証券報告書・内部統制報告書等の検討 ・総会事前準備（想定問答の作成等） ・総会口頭報告 ・総会終了後のチェック	

　日本監査役協会のウェブサイト内の「監査業務支援ツール」では、さまざまなパターンの年間スケジュールが会員外にも公開されているので、参考になります。

Q67 監査計画の作成

監査計画の作成にあたって留意すべき事項を教えてください。

監査役・監査役会は、内部統制システムの構築・運用の状況にも留意しながら、重要性、適時性その他必要な要素を考慮して監査方針を立て、監査対象、監査の方法および実施時期を適切に選定し、監査計画を立てます。

監査計画の作成にあたっては、効率的な監査を実施するため、適宜、会計監査人および内部統制部門等と協議または意見交換を行います。実務上は、毎年の監査計画策定にあたり、前年度の監査計画および実績の分析・評価に基づき、反省点の改善、次期の重要課題の設定、往査先の選定等を行い監査計画に反映させる例が多いです（監査役監査基準 36 条 1 項の補足説明）。

実務上は、1 事業年度である 1 年間の期中監査に加えて、事業年度終了後株主総会までの 3 か月間の期末監査を加味した 15 か月の事業年度基準の監査計画と、株主総会終了後翌年の株主総会終了までの 1 年間の株主総会基準の監査計画の 2 種類の監査計画を作成することが多いと思われます（新任監査役ガイド 32 頁）。

日本監査役協会のウェブサイト内の「監査業務支援ツール」では、さまざまなパターンの監査計画が会員外にも公開されているので、参考になります。

Q68 監査調書

監査調書とは何ですか。どのような事項を記載すればよいのでしょうか。

監査役は、実務上、監査役会への報告、監査役間での情報共有のために、監査調書を作成し保管しなければなりません。監査調書には、監査役が実施した監査方法および監査結果、ならびにその監査意見の形成に至った過程および理由等を記録します。

監査調書の保管期間については、法の定めはありませんが、監査役会の議事録の備置期間（法 394 条 1 項）や時効などを勘案して、10 年以上とすることが考えられます（新任監査役ガイド 34 頁）。

日本監査役協会のウェブサイト内の「監査業務支援ツール」では、さまざまなパターンの監査調書が会員外にも公開されているので、参考になります。

124　第３章　監査の実施

Q69　監査費用の負担者

監査に要する費用を会社に対して請求することはできますか。

　会社は、次の場合には、その費用が監査役の職務の執行に必要でないことを証明しない限り、監査役からの監査費用の請求を拒むことはできません（法388条）。

① 　監査役が職務執行上必要とする費用の前払いを請求した場合
② 　監査役がその費用を立替払いして会社に対し費用・利息の償還を請求した場合
③ 　監査役がその費用につき負担した債務を自分に代わり弁済するよう会社に対し請求した場合

　このような規定がなくても、監査役と会社の間には準委任の関係が存在するため（法330条）、監査の職務執行上の費用は会社負担なのですが（民法649条、650条）、費用の必要性を監査役に証明させるのではなく、逆に、会社に不必要性の証明責任が課されていることがポイントです。

　監査費用には、監査役自身が実地調査等に要する費用、訴訟提起に必要な費用等のほか、補助者として弁護士・公認会計士等を依頼する費用、監査役スタッフを雇用する費用等、監査に必要な一切の費用が含まれます。

　以上のように、会社法が定めているのは、あくまで監査役から請求があった場合の監査費用の取扱いです。しかしながら、監査役の監査が実効的に行われることを確保するためには、「監査役の職務の執行について生ずる費用の前払又は償還の手続その他の当該職務の執行について生ずる費用又は債務の処理に係る方針に関する事項」（施100条3項6号）として、あらかじめ監査費用を予算計上しておくことが望ましいといえます。

第4章　監査役と株主総会

1　監査の対象と監査のスケジュール

Q70　監査報告の対象となる書類の種類

監査役による監査報告の対象となる書類にはどのようなものがありますか。

　監査役の監査報告の対象は、大別すると次の2つです。なお、計算規則には「計算関係書類」という文言が出てきますが、これは②～④の書類の総称です（計2条3項3号）。

① 　事業報告およびその附属明細書
② 　計算書類（貸借対照表、損益計算書、株主資本等変動計算書および個別注記表）ならびにその附属明細書
③ 　臨時計算書類
④ 　連結計算書類

　会社法上、監査役（会）は、上記①～④の書類につき、監査報告を作成することが求められています。

　なお、日本監査役協会や一般社団法人日本経済団体連合会により、会社の機関設計に応じた監査報告のひな型が公表されていますので、監査報告作成の際にはこれらを参照するとよいでしょう。

Q71　臨時計算書類および連結計算書類

臨時計算書類および連結計算書類とは、具体的にどのような書類なのでしょうか。

　臨時計算書類は、最終事業年度の直後の事業年度に属する一定の日（以下「臨時決算日」といいます）における財産の状況を示す書類であり、臨時決算日

126 第4章 監査役と株主総会

における貸借対照表と、臨時決算日の属する事業年度の初日から臨時決算日までの期間にかかる損益計算書とで構成されます（法441条1項）。臨時計算書類の作成は義務ではなく、会社が期中に剰余金の配当を行う場合等に、臨時決算日の属する事業年度の初日から臨時決算日までの間の事業活動等による損益や財産の状況の変化を把握し、それを分配可能額に反映させること等を目的に作成されるものです。

次に、連結計算書類は、連結貸借対照表、連結損益計算書、連結株主資本等変動計算書および連結注記表で構成される書類です（法444条1項、計61条1項）。計算書類が当該会社のみの財産および損益の状況を示すために作成されるものであるのに対し、当該会社およびその子会社から成る企業集団を単一の組織体とみなして、その財産および損益の状況を示すために、当該企業集団の親会社によって作成されるのが連結計算書類です。会社法上、連結計算書類の作成は、原則的には任意とされていますが、大会社であって有価証券報告書を提出しなければならない会社については、その作成が義務づけられています（法444条3項）。

Q72　監査報告の作成スケジュール

　事業報告および計算関係書類に関する監査報告の作成スケジュールは、法令上どのように定められているのでしょうか。

　事業報告および計算関係書類に関する監査報告の作成スケジュールは、おおむね次のとおりです。スケジュール上、灰色で塗られた箇所は監査役会設置会社においてのみ必要な手続です。

　なお、監査役会の監査報告の作成にあたり監査役会の決議が必要か否かについては見解が分かれていますが、これを必要とする見解も有力ですので（コンメ(8)478頁〔森本滋〕）、監査役会の決議（法393条1項）を経ておくのが無難です。

1 事業報告に関する監査報告の作成スケジュール

監査役が事業報告および附属明細書を受領

↓

監査役による監査報告の作成（施129条）

↓

監査役会による監査報告の作成（施130条1項） ← 監査役会は、1回以上、会議等により監査役会監査報告の内容を審議する必要あり（施130条3項）

↓

特定監査役から特定取締役に対する、監査役（監査役会設置会社においては、監査役会）の監査報告の内容通知（施132条1項） ← 以下の日のいずれか遅い日までに通知する。
① 事業報告受領日から4週間を経過した日
② 事業報告の附属明細書受領日から1週間を経過した日
③ 特定取締役および特定監査役の間で合意した日

2 計算関係書類に関する監査報告の作成スケジュール

(1) 会計監査人設置会社の場合

取締役が監査役および会計監査人に計算関係書類を提供（計125条参照）

↓

会計監査人による監査報告の作成（計126条1項）

↓

以下の日（計算書類については①ないし③の、臨時計算書類については①または②のいずれか遅い日）までに通知する必要がある。
【計算書類】
① 計算書類の全部を受領した日から4週間を経過した日
② 計算書類の附属明細書受領日から1週間を経過した日
③ 特定取締役、特定監査役および会計監査人の間で合意により定めた日があれば、その日

128　第4章　監査役と株主総会

会計監査人から特定取締役および特定監査役に対する、会計監査報告の内容通知（計130条1項） ※すべての監査役が知っている場合を除き、上記通知とあわせて、会計監査人の職務遂行に関する事項の通知を特定監査役に行う必要もある（計131条）	【臨時計算書類】 ①　臨時計算書類の全部を受領した日から4週間を経過した日 ②　特定取締役、特定監査役および会計監査人の間で合意により定めた日があれば、その日 【連結計算書類】 　連結計算書類の全部を受領した日から4週間を経過した日（特定取締役、特定監査役および会計監査人の間で合意により定めた日があれば、その日）

監査役による監査報告の作成（計127条）	監査役会は、1回以上、会議等により監査役会監査報告の内容を審議する必要あり（計128条3項）

監査役会による監査報告の作成（計128条1項）	以下の日（計算書類および臨時計算書類については、①または②のいずれか遅い日）までに通知する。 【計算書類・臨時計算書類】 ①　会計監査報告受領日から1週間を経過した日 ②　特定取締役および特定監査役の間で合意により定めた日があれば、その日 【連結計算書類】 　会計監査報告受領日から1週間を経過した日（特定取締役および特定監査役の間で合意により定めた日があれば、その日）

特定監査役から特定取締役および会計監査人に対する、監査役（監査役会設置会社においては、監査役会）の監査報告の内容通知（計132条1項）

(2) 会計監査人非設置会社の場合

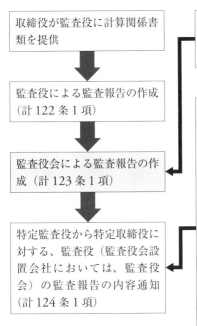

Q73 特定取締役および特定監査役の意義

特定取締役・特定監査役とは、具体的にどのような取締役・監査役を指すのでしょうか。

「特定取締役」の定義は、施行規則132条4項（事業報告関連）ならびに計算規則124条4項および130条4項（いずれも計算関係書類関連）に、「特定監査役」の定義は、施行規則132条5項（事業報告関連）ならびに計算規則124条5項および130条5項（いずれも計算関係書類関連）にそれぞれ置かれています。

簡潔にいえば、「特定取締役」は、監査報告や会計監査報告の内容通知を受領する取締役であり、「特定監査役」は、監査報告の内容通知を行い、会計監査報告の内容通知を受領する監査役です。

130 第4章 監査役と株主総会

「特定取締役」の定め方ですが、これも簡潔にいえば、①通知を受ける者と定められた取締役がいる場合にはその取締役、②そのような取締役がいなければ、事業報告や計算関係書類の作成に関する職務を行った取締役が「特定取締役」となります。

次に、「特定監査役」については、監査役会設置会社と監査役設置会社（監査役の監査範囲が会計に限定されている会社を含む）とで定め方が異なっています。まず、監査役会設置会社においては、①監査役会により、監査報告の内容通知を行う者、会計監査報告の内容通知を受ける者と定められた監査役がいる場合にはその監査役、②そのような監査役がいなければ、すべての監査役が「特定監査役」となります。他方、監査役設置会社においては、①複数の監査役が存在する場合で、監査報告の内容通知を行う者、会計監査報告の内容通知を受ける者と定められた監査役がいる場合にはその監査役、②そのような監査役がいなければ、すべての監査役、③監査役が1人の場合には当該監査役が「特定監査役」となります。

なお、監査役会における「特定監査役」は監査役会が定めるべきものとされているのに対し、「特定取締役」に関しては、法令上、どの機関がこれを定めるべきかについての規定はありません。この点、「特定取締役」を定めることは重要な業務執行（法362条4項）に該当しないため、互選その他適宜の方法をもって定めれば足りると解されます。

② 監査報告

Q74 事業報告に関する監査報告の記載事項

監査役および監査役会が作成すべき事業報告に関する監査報告には、どのような事項を記載する必要があるのでしょうか。

事業報告に関する監査役および監査役会の監査報告の記載事項を整理すると、次のとおりとなります。監査範囲が会計に関する事項に限定されている監査役（法389条1項。以下「会計事項限定監査役」といいます）も、監査報告の作成義務自体が免除されているわけではない点には注意が必要です。

なお、監査役会設置会社において、ある事項についての監査役監査報告の内容と監査役会監査報告の内容が異なる場合、当該監査役は、当該事項にかかる

監査役監査報告の内容を、監査役会監査報告に付記することができます（施130条2項）。

　また、監査報告への署名押印は法令上要求されていませんが、重要性に鑑み実務上は署名押印がなされるのが一般的です。

1　会計監査人設置会社の監査報告記載事項

(1)　監査役の監査報告の記載事項（施129条1項）

①　監査役の監査の方法およびその内容

②　事業報告およびその附属明細書が法令または定款に従い会社の状況を正しく示しているかどうかについての意見

③　取締役の職務の遂行に関し、不正の行為または法令もしくは定款に違反する重大な事実があったときは、その事実

④　監査のため必要な調査ができなかったときは、その旨およびその理由

⑤　内部統制システムの内容および運用に関する事項が相当でないと認めるときは、その旨およびその理由

⑥　財務および事業の方針の決定を支配する者のあり方に関する基本方針が事業報告の内容となっているときは、当該基本方針に関する事項についての意見

⑦　会社とその親会社等との取引が会社の利益を害さないかどうかについての取締役（会）の判断および理由等が事業報告の内容となっているときは、当該判断等に対する意見

⑧　監査報告を作成した日（監査役会設置会社の監査役の監査報告であれば不要）

(2)　監査役会の監査報告の記載事項（施130条2項）

①　監査役および監査役会の監査の方法およびその内容

②　(1)②～⑦に掲げる事項

③　監査報告を作成した日

2　会計監査人非設置会社の監査報告記載事項

(1)　監査役（会計事項限定監査役を除く）の監査報告の記載事項（施129条1項）

①　1(1)と同じ

(2)　会計事項限定監査役の監査報告の記載事項（施129条2項）

①　事業報告を監査する権限がないこと

132　第 4 章　監査役と株主総会

(3)　監査役会の監査報告の記載事項（施 130 条 2 項）

①　1 (2)と同じ

Q75　計算関係書類に関する監査報告の記載事項

　監査役および監査役会が作成すべき計算関係書類に関する監査報告には、どのような事項を記載する必要があるのでしょうか。

　計算関係書類に関する監査役および監査役会の監査報告の記載事項を整理すると、次のとおりとなります。

　なお、監査役会設置会社において、ある事項についての監査役監査報告の内容と監査役会監査報告の内容が異なる場合、当該監査役は、当該事項にかかる監査役監査報告の内容を、監査役会監査報告に付記することができます（計 123 条 2 項、128 条 2 項）。

　また、監査報告への署名押印は法令上要求されていませんが、重要性に鑑み実務上は署名押印がなされるのが一般的です。

1　会計監査人設置会社の監査報告記載事項

(1)　監査役の監査報告の記載事項（計 127 条）

①　監査役の監査の方法およびその内容

②　会計監査人の監査の方法または結果を相当でないと認めたときは、その旨およびその理由（所定の期限までに会計監査報告の内容の通知がないときは、会計監査報告を受領していない旨）

③　重要な後発事象（会計監査報告の内容となっているものは記載不要）

④　会計監査人の職務遂行が適正に実施されることを確保するための体制に関する事項

⑤　監査のため必要な調査ができなかったときは、その旨およびその理由

⑥　監査報告を作成した日（監査役会設置会社の監査役の監査報告であれば不要）

(2)　監査役会の監査報告の記載事項（計 128 条 2 項）

①　監査役および監査役会の監査の方法およびその内容

②　(1)②〜⑤に掲げる事項

③　監査報告を作成した日

2 会計監査人非設置会社の監査報告記載事項

(1) 監査役（会計事項限定監査役を含む）の監査報告の記載事項（計122条）

① 監査役の監査の方法およびその内容

② 計算関係書類が会社の財産および損益の状況をすべての重要な点において適正に表示しているかどうかについての意見

③ 監査のため必要な調査ができなかったときは、その旨およびその理由

④ 追記情報（会計方針の変更、重要な偶発事象、重要な後発事象その他の事項のうち、監査役の判断に関して説明を付す必要がある事項または計算関係書類の内容のうち強調する必要がある事項）

⑤ 監査報告を作成した日（監査役会設置会社の監査役の監査報告であれば不要）

(2) 監査役会の監査報告の記載事項（計123条2項）

① (1)②〜④に掲げる事項

② 監査役および監査役会の監査の方法およびその内容

③ 監査報告を作成した日

Q76 監査の方法および内容について

監査役（会）の監査報告には、監査役（会）の監査の方法およびその内容を記載する必要があるとされていますが、具体的にはどのような事項を記載すればよいのでしょうか。

　監査役（会）の監査報告には、監査役（会）の監査の方法およびその内容を記載すべきとされています。

　具体的には、監査役会が定めた基準や職務分担等が存するのであれば、当該基準等に従って監査が行われた等の記載をすることが考えられます。また、これに加え、監査の方法の具体的内容、たとえば、取締役会その他の重要な会議に出席したこと、役職員または会計監査人から報告や説明を受けたこと、重要な決裁書類等を閲覧したこと、主要な事業所への往査を実施したこと、子会社の業務および財産調査を実施したこと等を記載することが考えられます。

Q77 「監査のため必要な調査ができなかったとき」の具体的内容

監査役（会）の監査報告の記載事項の1つである、「監査のため必要な調査ができなかったとき」とは、具体的にどのような場面なのでしょうか。

「監査のため必要な調査ができなかったとき」とは、たとえば、監査に対し会社またはその子会社の役職員が非協力的な場合、災害や事故が発生した場合、後発事象の調査が時間的に不可能である場合などが考えられます（会社法施行規則・電子公告規則コンメ654頁、会社計算規則・商法施行規則コンメ646頁）。

Q78 事業報告に記載すべき「重大な事実」等

事業報告に関する監査役（会）の監査報告には、取締役による不正な行為に関する事実を記載すべきとされていますが、「不正な行為」とはどのような行為でしょうか。また、取締役の職務執行に法令または定款に違反する重大な事実があった場合、その事実を監査報告に記載すべきとされていますが、ここでいう「重大な事実」に該当するか否かは、どのようにして判断すればよいのでしょうか。

事業報告に関する監査役（会）の監査報告に記載すべき「不正な行為」とは、忠実義務に違反して会社に損害を生ぜしめる故意の行為をいい、たとえば競業避止義務に違反する行為がこれに該当します。

また、事業報告に関する監査報告には、取締役の法令違反等に関する「重大な事実」を記載する必要があるところ、ここでいう「重大な事実」であるか否かは質的、量的に判断され、取締役の行為が計算書類の数値または会社の将来の財産および損益の状況に重要な影響を与える場合や、当該行為の性質が重大である場合（とりわけ、取締役の解任事由または解任の訴えにおける請求認容事由との関係で重要な場合）は、「重大な事実」に該当すると解されます。

なお、取締役による不正行為等が後日是正または治癒されたとしても、その不正行為等が行われた事業年度にかかる監査報告には、当該事実に関する記載を行う必要があります（以上につき、大隅健一郎＝今井宏『会社法論中巻〔第3版〕』（有斐閣、1992年）369頁）。

Q79　重要な後発事象

　会計監査人設置会社において、会計監査人の監査後に「重要な後発事象」が発生した場合、この後発事象を、計算関係書類に関する監査報告に記載する必要はあるのでしょうか。

　会計監査人設置会社における計算関係書類の監査報告には、重要な後発事象のうち会計監査報告の内容となっていないものを記載する必要があります。

　この点、会計監査人の監査後に「重要な後発事象」に該当する事象が生じた場合には、会計監査人の会計監査報告には当該事象に関する記載がないはずですから、監査役（会）の監査報告に当該事象を記載しなければなりません。

　なお、会社法が、会計監査人の監査後に生じた「重要な後発事象」の記載を監査役（会）の監査報告で行えばよい旨定めている以上、会計監査人の監査後に「重要な後発事象」が発生した場合であっても、注記表の再作成やこれに対する会計監査人の監査の実施を行う必要まではないと考えられます。

Q80　監査報告の作成方法

　当社は監査役会設置会社であり、監査役は 3 名存在しますが、監査役の監査報告は各監査役が 1 通ずつ（計 3 通）作成する必要があるのでしょうか。また、各監査役の監査報告と、監査役会の監査報告は必ず別個に作成されなければならないのでしょうか。さらに、事業報告に関する監査報告と、計算書類に関する監査報告とは、それぞれ別個に作成する必要があるのでしょうか。

　会社法上、監査役の監査報告の作成方法については特段の規制はありません。したがって、監査役の監査報告につき、各監査役が別個に作成することも、1 通にまとめるかたちで作成することも、いずれでも可能です。ただし、各監査役の意見が異なる事項があるときは、別個に監査報告を作成するか、あるいは、監査報告を 1 通にまとめた上で意見の相違がある旨を明らかにする必要があるものと解されます。

　また、監査役会と各監査役の監査報告をまとめて 1 通とすることも差し支えありません。

　さらに、事業報告に関する監査報告および計算書類に関する監査報告について、これらを別個に作成することも、1 通にまとめて作成することも、いずれでも問題ありません。実務上は、1 通にまとめて作成されるのが一般的です。

136 第4章 監査役と株主総会

Q81 監査役が期中で退任または就任した場合の処理

　ある事業年度において、監査役1名が期中で退任し、代わりに新たな監査役が就任した場合、当該事業年度にかかる監査報告を作成すべき義務を負うのは退任監査役、新任監査役のいずれでしょうか。

　ある事業年度の事業報告等についての監査報告は、特定取締役等に監査報告の内容通知を行うべき時期に在任する監査役がその作成義務を負います。したがって、当該時期の到来前に退任した監査役は、いわゆる権利義務監査役（法346条1項）として退任後も監査役としての義務を負う場合を除き、監査報告を作成する義務を負いません。他方、上記時期において監査役の地位にある者は、監査の対象となる事業年度の全部または一部の期間において自身が監査役の地位になかったとしても、当該事業年度に関する事業報告等につき監査報告を作成する義務を負うことになります。

　たとえば、3月決算の会社（監査役1名の監査役設置会社）において、①監査役Xが平成27年5月1日付で退任、②同日にYが新たに監査役に就任、③Yが、平成27年5月2日に、平成26年4月1日から平成27年3月31日までの事業年度にかかる事業報告および計算書類ならびにこれらの附属明細書を受領という事例を考えた場合、監査報告の内容通知を行うべき時期（基本的に、事業報告等の受領日から4週間を経過する日まで）に監査役の地位にあるのはXではなくYですので、Yが、当該事業報告等についての監査報告を作成しなければなりません。

　このような場合、新たに監査役に就任したYとしては、Xからの事務引継ぎ、監査対象期間に在任していた取締役等からの事情聴取、当該期間中に作成された重要書類の閲覧等を通じて、監査報告作成に必要な情報を収集することが考えられます。Xとしても、後任に対する情報提供の一環として、また、その在任時に適切な監査を実施していたことの証拠として、当該監査の結果を整理した書面（監査調書等）を作成し、Yにこれを提供するのが望ましいといえるでしょう。

図表 4-81　監査報告の作成義務を負う監査役

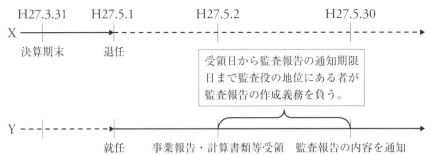

Q82　期限内に監査報告等が提出されない場合の処理

　所定の期限内に監査報告または会計監査報告の内容が通知されない場合、事業報告等の監査はどのようになるのでしょうか。

　所定の期限までに特定監査役より監査報告の内容が通知されない場合、事業報告等は、監査報告の内容通知の期限日に、監査役の監査を受けたものとみなされます（事業報告につき施132条3項、計算関係書類につき計124条3項、132条3項）。計算関係書類について会計監査報告の内容通知がなされない場合も、上記と同様、通知期限日に会計監査人の監査を受けたものとみなされます（計130条3項）。通知期限日が迫っているにもかかわらず監査役等からの通知が届かない場合、会社としては、①上記のみなし規定の適用を受けるか、あるいは、②特定取締役と特定監査役との合意によって通知期限日を後倒しするかを選択することになります。

　ところで、取締役会設置会社においては、定時株主総会の招集の通知に際して、事業報告および計算書類ならびにこれらの監査報告および会計監査報告を提供すべきとされているところ（法437条）、上記の各規定に基づき事業報告等について監査を受けたものとみなされた場合、会社は、定時株主総会の招集の際に、その旨を記載または記録した書面または電磁的記録を株主に提供する必要があるとされています（施133条1項2号ハ、計133条1項2号ハ・3号ニ・ヘ）。このような書面または電磁的記録を株主に提供することとされているのは、こうした手続を定めないと、監査報告または会計監査報告が株主総会の招集通知に際して株主に提供されないことが法437条に違反するものとして株主総会決議取消原因（法831条1項1号）となる可能性があり、そうなる

138　第４章　監査役と株主総会

と施行規則および計算規則で、所定の期限までに監査報告または会計監査報告
の内容が通知されない場合は監査を受けたものとみなすこととした意義が大幅
に没却されることになるためと説明されています（会社計算規則・商法施行規則
コンメ713頁）。

　なお、連結計算書類に関する監査報告については、そもそも会社法上株主へ
の提供が予定されていないため（法444条６項・７項参照）、事業報告等に関す
る監査報告のように、監査を受けたものとみなされた旨記載した書面等を株主
に提供すべき旨定める条文は存在しません。もっとも、そのような書面等を任
意で株主に提供することは妨げられないと解されます。

　また、定時株主総会に提出された計算書類については、原則として株主総会
の承認を受ける必要があるところ（法438条２項）、会計監査人設置会社にお
いては、一定の要件が満たされる場合に、計算書類について定時株主総会の承
認を得ることが不要（代わりに、定時株主総会における報告が必要となる）とさ
れていますが（法439条）、計算書類に関して上記のみなし規定の適用がなさ
れた場合には、法439条は適用されず（計135条４号参照）、したがって、原
則どおり、計算書類につき定時株主総会の承認を得る必要があります。

　さらに、連結計算書類についての監査役および会計監査人の監査結果は、定
時株主総会において報告する必要があるとされているところ（法444条７項）、
連結計算書類に関して上記のみなし規定が適用される場合には、所定の期限内
に監査報告の内容が通知されず、そのため監査を受けたものとみなされた旨報
告するよりほかないものと解されます。

Q83　平成 26 年会社法改正の影響

　平成 26 年会社法改正では、監査報告の記載内容にどのような変更があったの
でしょうか。

　平成26年会社法改正により、事業報告またはその附属明細書の記載事項が
いくつか追加されました。その中の１つとして、会社とその親会社等との取
引であって個別注記表に注記を要するものがあるときは、①当該取引をするに
あたり会社の利益を害さないように留意した事項（当該事項がない場合はその
旨）、②当該取引が会社の利益を害さないかどうかについての取締役（会）の
判断および理由、③社外取締役の意見と②の判断とが異なるときは、当該意見
が記載事項に追加されています（施118条５号、128条３項）。なお、①〜③の

事項を事業報告またはその附属明細書のいずれに記載するかですが、個別注記表における関連当事者との取引に関する注記（計112条1項）の一部（同項4号〜6号および8号に掲げる事項）が省略されていなければ事業報告に、省略されていれば事業報告の附属明細書に記載することになります。

以上に述べた親会社等との取引に関する事業報告の記載事項の追加を受け、上記の①〜③の事項に関する監査役（会）の意見が、事業報告に関する監査報告の記載事項に追加されました（施129条1項6号）。

なお、会計監査人非設置会社でありかつ非公開会社である会社については、関連当事者との取引に関する事項を個別注記表に記載する必要がありません（計98条2項参照）。したがって、会計監査人非設置会社でありかつ非公開会社である会社の監査報告において、上記の①〜③の事項に関する監査役（会）の意見を記載すべき場面は、基本的には想定しがたいものと思われます。

関連当事者との取引に関する監査についての留意事項については、**Q55**をご参照ください。

また、平成26年会社法改正により、内部統制システムの概要のほか、その運用状況の概要も事業報告に記載すべきことになりました（施118条2号）。

この点、事業報告にかかる監査報告においては、事業報告に記載された内部統制システムに関する事項のうち、その内容が相当でないと認められるものについて、相当でない旨およびその理由を記載すべきものとされています（施129条1項5号、130条2項2号）。同各号の内容自体は、平成26年会社法改正前後で変わりはありませんが、上記のとおり、内部統制システムの運用状況の概要も事業報告の記載事項となった関係上、監査役（会）としては、内部統制システムの概要のみならずその運用状況についてもチェックし、その状況に関する事業報告上の記載が相当でないと認められる場合には、その旨や理由を監査報告で示す必要があります。

内部統制システムの監査についての留意事項については、**Q65**をご参照ください。

Q84　会社の利益を害さないかどうかについての判断等

　親会社等との取引が会社の利益を害さないかどうかについての取締役（会）の判断および理由について、監査役（会）が当該判断等についての意見を監査報告に記載すべき場合があるとのことですが、そもそも、「会社の利益を害さないかどうか」の判断はどのように行われるのでしょうか。

　「会社の利益を害さないかどうか」の判断基準について、会社法に明確な規定はありません。もっとも、「会社の利益を害さないかどうか」等を事業報告等に記載すべきとされた趣旨は、親会社等との取引条件等の適正を確保し、子会社における少数株主や債権者の利益が害されることを防止する点にあると解されますので、親会社等との取引が「会社の利益を害さないかどうか」は、少数株主や債権者の視点から見る必要があると思われます。

　この点、親会社等との取引条件が第三者との取引条件と同等または親会社等にとって第三者との取引条件よりも不利であれば、親会社等との当該取引が「会社の利益を害」するといえる場合は基本的には考えがたいところです。

　他方で、親会社等との取引条件が第三者との取引条件よりも親会社等にとって有利であっても、その事実のみをもって、ただちに当該取引が「会社の利益を害」することになるわけではなく、その他の諸要素、たとえば、①親会社との取引継続を通じて子会社が一定のメリット（取引先の紹介、無利息の資金援助等）を得ているかどうか、②親会社からの発注は継続的か一回的か（継続的な場合、取引全体を通じて子会社にとってプラスと評価できる場合がありうる）、③親会社との取引に一定の制約（発注数量の上限等）が存するか否か等を総合的に考慮の上、当該取引が「会社の利益を害」さないかを判断すべきものと思われます。

　また、子会社に少数株主が存在しない場合（すなわち、当該子会社が完全子会社である場合）には、「会社の利益を害さないかどうか」等の記載を通じて利益保護を図るべき対象は基本的に子会社の債権者のみということになります。このような場合には、親会社との取引により子会社の財務状態に悪影響（債務弁済に支障を来すような影響）が生じるか否かを検討し、かかる悪影響がなければ、親会社等との取引は「会社の利益を害」さないと判断することも十分合理的と考えます。

2 監査報告 Q85 141

Q85　監査報告等の作成後の手続

　監査報告等の作成後、当該監査報告や、監査の対象となった事業報告等は、どのように取り扱われるのでしょうか。

　監査報告等の作成後における事業報告、計算書類、これらに関する監査報告等については、おおむね以下のような取扱いがなされます。なお、以下の取扱いの内容は、取締役会設置会社を前提としたものです。

1　取締役会の承認

　監査報告が作成されると、監査の対象となった事業報告および計算書類ならびにこれらの附属明細書は、取締役会で承認を受けることになります（法436条3項）。

　また、臨時計算書類および連結計算書類についても、計算書類等と同様、監査報告の作成後に取締役会の承認手続を経ることになります（法441条3項、444条5項）。

2　株主への提供

(1)　臨時計算書類以外の書類

　取締役会で承認された事業報告および計算書類は、監査報告および会計監査報告とあわせて、定時株主総会の招集通知とともに株主に提供されます（法437条、施116条4号、計133条）。また、連結計算書類を作成している場合は、上記の招集通知とともに、連結計算書類も株主に提供する必要があります（法444条6項・7項、計134条）。株主総会の招集通知は、原則として株主総会開催日の2週間前までに発する必要がありますので（法299条1項）、上記の事業報告等も、株主総会開催日の2週間前までに株主に対して発送されることになります。

　なお、事業報告および計算書類の附属明細書は、監査役（会）の監査対象ではありますが、株主に提供する必要はありません。また、会社法上は、連結計算書類の監査報告および会計監査報告の提供は義務づけられていませんが、これらも株主に対して提供することは妨げられず（計134条2項参照）、実務上は、連結計算書類とあわせてこれらを提供するのが一般的です。

(2)　臨時計算書類

　臨時計算書類に関しては、会社法上、株主への提供に関する条文は存在しません。しかしながら、臨時計算書類については原則として株主総会の承認を得

142　第4章　監査役と株主総会

る必要があるところ（法441条4項）、このような承認手続の前提として、当該臨時計算書類が株主に提供されることになるでしょう。

3　株主総会における承認等

(1)　臨時計算書類以外の書類

　事業報告については、定時株主総会においてその内容を報告する必要があり（法438条3項）、計算書類については、定時株主総会で承認を得る必要があります（同条2項）。ただし、以下の要件が充足される場合には、計算書類についても定時株主総会での報告のみで足り、承認を得る必要はありません（法439条、計135条）。

① 　会計監査人設置会社であること

② 　会計監査報告の内容に無限定適正意見が含まれていること

③ 　②の会計監査報告に関する監査役（会）の監査報告の内容として、会計監査人の監査の方法または結果を相当でないと認める意見のないこと

④ 　監査役会の監査報告に付された監査役の意見の内容が、上記の③の意見でないこと

⑤ 　特定監査役が監査報告の内容通知を行わないことにより、監査を受けたものとみなすとの処理がなされていないこと

⑥ 　取締役会を設置していること

　また、連結計算書類については、定時株主総会において、その内容ならびに監査役（会）の監査および会計監査人の監査の結果を報告する必要があります（法444条7項）。この報告を行うのは、通常は監査役ですが、会社法上当該報告義務を負っているのは取締役です。この点を意識して、定時株主総会のシナリオ上、監査役による監査結果の報告後に、「連結計算書類の監査結果については、ただ今監査役からご報告を差し上げたとおりです。」との発言を、取締役である議長が行う旨記載するものも見受けられます。

　なお、連結計算書類の監査結果と異なり、事業報告および計算書類の監査結果については、会社法上、定時株主総会における報告は義務づけられていませんが、実務上は監査役がこれを行うことが一般的です。

(2)　臨時計算書類

　臨時計算書類については、原則としてその内容が株主総会で承認される必要がありますが、(1)の①〜⑥の要件が充足される場合には、当該承認は不要とされています（法441条4項、計135条）。

4　事業報告等の備置き

　事業報告および計算書類ならびにこれらの附属明細書は、監査報告および会計監査報告とあわせて、定時株主総会の2週間前の日から5年間本店に備え置き、同日から3年間支店に備え置く必要があります（法442条1項1号・2項1号）。また、臨時計算書類については、監査報告および会計監査報告とあわせて、臨時計算書類を作成した日から5年間本店に備え置き、同日から3年間支店に備え置く必要があります（法442条1項2号・2項2号）。株主および債権者は、会社の営業時間内はいつでも、これらの書類の閲覧等を請求できるほか（同条3項）、会社の親会社社員も、その権利を行使するため必要があるときは、裁判所の許可を得て同様の請求を行うことができます（同条4項）。

　なお、連結計算書類については、会社法上、上記のような備置義務や株主等の閲覧等請求権に関する規定は存在しません。

5　計算書類の公告

　定時株主総会の終結後遅滞なく、貸借対照表（大会社にあっては、貸借対照表および損益計算書）を公告する必要があります（いわゆる決算公告。法440条1項）。ただし、有価証券報告書提出会社においては、このような公告を行う必要はありません（同条4項）。

　なお、臨時計算書類および連結計算書類については、上記のような公告制度は存在しません。

図表4-85　作成後の手続の流れ（事業報告等）

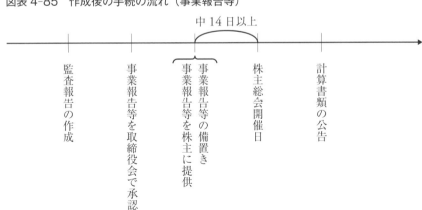

144 第4章 監査役と株主総会

Q86 臨時計算書類の備置開始日

臨時計算書類は、「作成した日」から一定期間、本店等に備え置く必要があるとのことですが、ここでいう「作成した日」とは具体的にいつの日を指すのでしょうか。

会社法上、臨時計算書類は、これを「作成した日」から一定期間本店等に備え置くこととされていますが（法442条1項2号・2項2号）、ここでいう「作成した日」とは、取締役が臨時計算書類の作成を完了した日をいい、取締役会による臨時計算書類の承認日や、監査役（会）による監査報告の作成日等ではないとされています（コンメ⑽537頁〔弥永真生〕）。

③ 株主総会における監査役

Q87 株主総会に関する監査役（会）の権限等

株主総会に関する監査役（会）の権限および義務としては、どのようなものがありますか。

株主総会に関する監査役（会）の権限および義務としては、次のようなものが存在します。

1 権限

(1) 監査役の選任議案に対する同意権

取締役が、監査役や補欠監査役の選任議案を株主総会に提出するためには、監査役（監査役会設置会社にあっては監査役会）の同意が必要とされています（法343条1項・3項）。

(2) 監査役選任に関する議案等の提案権

監査役（監査役会設置会社にあっては監査役会）は、取締役に対し、監査役の選任を株主総会の目的とすることまたは監査役の選任に関する議案を株主総会に提出することを請求することができます（法343条2項）。

「監査役の選任を株主総会の目的とすること」の請求とは、監査役の選任の件を付議するよう求めることであり、特定の候補者を示さず監査役の増員を求める場合などがこれにあたります。他方、「監査役の選任に関する議案を株主

総会に提出すること」の請求とは、特定の候補者を示して、その者の選任議案を付議するよう請求することを意味します（江頭 520 頁）。

なお、監査役の請求によって監査役選任の議案が株主総会に提出される場合、参考書類には、当該議案が監査役の請求によって提出されたものである旨を記載する必要があります（施 76 条 1 項 4 号）。

(3) 会計監査人の選任等の議案の決定権

平成 26 年会社法改正前は、会計監査人の選任および解任ならびに不再任に関する議案につき、監査役（監査役会設置会社にあっては監査役会）は同意権を有するのみとされていましたが、平成 26 年会社法改正によって、監査役（監査役会設置会社にあっては監査役会）は、上記の議案に対する決定権を有することとされました（法 344 条 1 項・3 項）。

(4) 株主総会における意見陳述権等

監査役には、①監査役の選任もしくは解任または辞任についての株主総会における意見陳述権（法 345 条 1 項・4 項）、②監査役を辞任した者による、辞任後最初に招集される株主総会における意見陳述権（同条 2 項・4 項）、③監査役の報酬等についての株主総会における意見陳述権（法 387 条 3 項）が付与されています。

なお、上記の意見陳述権は、基本的には株主総会において意見を述べる権利ということができますが、監査役が、監査役の選任もしくは解任または監査役の報酬等につき、参考書類の作成前に取締役（会）に対して意見を述べたときは、当該意見の内容の概要を参考書類に記載する必要があるとされています（監査役の選任に関し施 76 条 1 項 5 号、監査役の解任につき施 80 条 3 号、監査役の報酬等につき施 84 条 1 項 5 号）。

また、監査役に意見陳述の機会を与えることのないまま監査役の解任決議を行った場合、当該決議については、その方法に法令違反があるものとして決議取消事由（法 831 条 1 項 1 号）があるものと解されます（コンメ(7) 578 頁〔石山卓磨〕）。

2 義務

監査役は、取締役が株主総会に提出しようとする議案、書類、電磁的記録その他の資料を調査する義務があり（法 384 条、施 106 条）、調査の結果、法令もしくは定款違反または著しく不当な事項を認めたときは、その調査結果を株主総会で報告すべき義務を負っています。別の言い方をすれば、監査役は、調査は常に行う必要がありますが、報告は法令違反等がある場合にのみ行えばよいとされていることになります（法 384 条）。

146　第4章　監査役と株主総会

　他方、監査範囲が会計に関する事項に限定されている監査役（法389条1項）については、取締役が株主総会に提出しようとする会計に関する議案等に限って調査義務があり、かつ、その調査結果を株主総会に報告する義務があります（同条3項、施108条）。この報告義務に関しては、当該議案等につき法令違反等が認められるか否かにかかわらず生じる（つまり、必ず報告を行わなければならない）ものである点に注意が必要です。

　なお、議案について監査役が株主総会に報告すべき調査の結果については、株主総会参考書類への記載が求められています（施73条1項2号）。

　さらに、監査役は、株主総会への出席義務や、株主総会における報告義務も負っていますが、これらの点については Q90 で詳しく述べます。

Q88　議案等に関する「著しく不当な事項」等の意味

　監査役は、取締役が株主総会に提出しようとする議案等を調査し、その結果、議案等に法令違反や著しく不当な事項を認めたときは、その調査結果を株主総会で報告すべき義務を負うとのことですが、ここでいう「法令」や「著しく不当な事項」の意味を教えてください。

　監査役は、株主総会に提出される議案等の調査の結果、当該議案等に法令違反または著しく不当な事項を認めたときは、その調査の結果を株主総会に報告すべき義務を負うところ（法384条）、ここでいう「法令」とは、会社法を含むあらゆる法令が含まれると解されています。

　また、「著しく不当な事項」とは、取締役の職務執行が善管注意義務ないし忠実義務の違反となるような不当な事項を指し、必ずしも明白に違法性を帯びるものに限られないと解されています（以上につき、コンメ(8)412頁〔吉本健一〕）。

Q89　株主総会前の監査役（会）の活動

　株主総会の開催前に、監査役（会）はどのような監査活動を行う必要があるのでしょうか。

　株主総会開催前における監査役（会）の監査活動としては、以下のようなものが考えられます。

①　株主総会招集手続の適法性の確認

②　取締役が提出しようとする議案等の内容確認（法 384 条参照）

③　事業報告等の備置状況の確認（法 442 条 1 項・2 項参照）

④　株主総会のシナリオ確認

⑤　株主からの想定質問およびこれに対する回答の作成

⑥　会計監査人の選任等議案の決定（法 344 条 1 項・3 項等参照）

⑦　監査役の選任議案への同意（法 343 条 1 項・3 項参照）

⑧　監査役の選任等に対する意見の通知（施 76 条 1 項 5 号等参照）

⑨　株主総会における意見陳述権行使の準備（法 345 条 1 項等参照）

　なお、①株主総会招集手続に関しては、招集通知等を株主に発送することは当然として、辞任した監査役、会計参与および会計監査人ならびに監査役（会）により解任された会計監査人に対しても、株主総会を招集する旨および当該株主総会の日時等を通知する必要があるとされているため（法 345 条 3 項・4 項・5 項）、それらの通知がなされているかの確認も必要になります。

Q90　株主総会当日の監査役の役割

　株主総会当日における監査役の役割はどのようなものでしょうか。

　株主総会当日における監査役の役割は次のとおりです。

1　出席義務

　会社法上、監査役につき株主総会への出席義務を定める条文はありませんが、後述のとおり、監査役には株主総会における説明義務や報告義務が存することから、その義務を果たす前提としての出席義務も存在すると解されています。したがって、監査役は株主総会に出席する必要があります。

　もっとも、監査役が株主総会を欠席したからといってただちに決議取消事由となるわけではなく、実際に説明義務の不履行が生じなければ決議取消事由とはならないと解されます（ハンドブック 378 頁）。

2　報告義務

　監査役は、取締役が株主総会に提出しようとする議案、書類、電磁的記録その他の資料を調査した結果、法令もしくは定款違反または著しく不当な事項を認めたときは、その調査結果を株主総会で報告しなければなりません（法 384 条）。このような規定ぶりから明らかなとおり、監査役が議案等に関し株主総会での報告を行う必要が生じるのは、法令上は、当該議案等について法令違反等がある場合のみですが、実務上は、監査結果の報告（5 参照）とあわせて、

「本総会に提出されました議案等は、法令および定款に適合しており、著しく不当な事項は認められませんでした。」といった報告が監査役より行われるのが一般的です。

ただし、監査範囲が会計に関する事項に限定されている監査役（法389条1項）については、会計に関する議案等の調査義務とともに、その調査結果を株主総会で報告する義務が定められているところ（同条3項、施108条）、この報告は、当該議案等に関する法令違反等の有無にかかわらず行われる必要がある点には注意が必要です。

3　説明義務

監査役は、株主総会において、株主から特定の事項について説明を求められたときは、一定の場合を除き当該事項について説明をする必要があります（法314条）。この説明が尽くされなかった場合、その事実が決議取消事由となる可能性があります。

4　意見陳述

監査役は、①監査役の選任もしくは解任または辞任（法345条1項・4項）、②監査役の報酬等について、株主総会で意見を陳述することができます（法387条3項）。また、辞任をした監査役は、辞任後最初に招集される株主総会において意見を述べることができます（法345条2項・4項）。

5　監査報告

会社法上、監査役に対して事業報告、計算書類および連結計算書類の監査結果を報告する義務は課せられていませんが、実務上は、監査役が株主総会において当該結果を報告することが一般的です。

なお、以下は、株主総会における監査役からの報告内容の一案です（取締役会設置会社、監査役会設置会社、会計監査人設置会社兼有価証券報告書提出会社であることを前提とした案です）。

報告内容	関連する条文
私は、常勤監査役の○でございます。 監査役会を代表いたしまして、私から、当事業年度の監査の結果をご報告申し上げます。	
当監査役会は、各監査役が作成いたしました監査報告書に基づき、協議のうえ、監査役会の監査報告書を作成いたしました。その内容は、お手元の招集ご通知の△頁に記載の	

報告内容	関連する条文
とおりであります。	
まず、事業報告およびその附属明細書は、法令および定款に従い、会社の状況を正しく示していると認めます。	施 129 条 1 項 2 号
また、取締役の職務の執行に関する不正の行為または法令もしくは定款に違反する重大な事実は認められません。	施 129 条 1 項 3 号
さらに、内部統制システムに関する取締役会決議の内容は相当であり、当該体制の運用状況につき指摘すべき事項は認められません。	施 129 条 1 項 5 号（事業報告に該当の記載がなければ不要）
加えて、事業報告に記載されている、会社の財務および事業の方針の決定を支配する者の在り方に関する基本方針等につき、指摘すべき事項は認められません。	施 129 条 1 項 6 号（事業報告に該当の記載がなければ不要）
最後に、事業報告に記載されている、会社とその親会社等との間の取引に関して会社の利益を害さないように留意した事項等につき、指摘すべき事項は認められません。	施 129 条 1 項 6 号（事業報告等に該当の記載がなければ不要）
次に、計算書類およびその附属明細書ならびに連結計算書類につきましては、お手元の招集ご通知の△頁に記載のとおり、会計監査人である□より、財産および損益の状況をすべての重要な点において適正に表示しているとの報告を受けております。	法 444 条 7 項に基づく会計監査結果の報告（取締役に代わる報告）
また、お手元の招集ご通知△頁に記載のとおり、当監査会は、□の監査の方法および結果は相当であると認めます。	計 126 条 1 項 1 号
なお、本総会に提出されました議案等につきましては、法令および定款に適合しており、著しく不当な事項は認められませんでした。	法 384 条
以上で監査報告を終わります。	

Q91　株主総会における監査役の説明義務

株主総会における監査役の説明義務とは、具体的にどのような義務なのでしょうか。

監査役は、株主総会において、株主から特定の事項について説明を求められたときは、以下の場合を除き、当該事項について説明をする義務を負っています（法 314 条、施 71 条）。

150 第4章 監査役と株主総会

① 当該事項が株主総会の目的事項に関しないものである場合
② 説明により株主共同の利益を著しく害する場合（当該事項が会社の企業秘密にかかわるものである場合等）
③ 説明のために調査が必要な場合（株主が株主総会の日より相当の期間前に当該事項を通知した場合および説明のために必要な調査が著しく容易である場合を除く）
④ 説明により会社その他の者の権利を侵害することになる場合（当該事項が守秘義務契約の対象となっている場合等）
⑤ 当該株主総会において実質的に同一の事項について繰り返して説明を求める場合
⑥ その他正当な理由がある場合

以上のとおり、監査役は株主総会における説明義務を負うわけですが、株主からの質問に対し誰が回答するかを決めるのは議長の専権ですので、質問を行った株主が回答者として監査役を指名したとしても、それだけで当該質問への回答義務が監査役に生じるわけではありません。

もっとも、質問が監査報告の内容に直接関連するものである場合等、質問の内容によっては、監査役が説明義務の主体となる場合もあるものと解されます。監査役としては、このような場合に適切な回答を行えるよう、事前に入念な準備をしておくことが望ましいといえるでしょう。

また、社外監査役が存する会社については、社内の監査役よりも社外の監査役が回答するのが適切と思われる質問がなされることがありえます（たとえば、コーポレート・ガバナンス報告書上社外監査役の責務とされている事項の遵守状況に関する質問等）。そのため、どのような質問について社外監査役による回答が適切と考えるか、事前に整理しておくことも重要です。

Q92　株主総会後の監査役（会）の活動

株主総会の開催後に、監査役（会）はどのような監査活動を行う必要があるのでしょうか。

株主総会開催後における監査役（会）の監査活動としては、以下のようなものが考えられます。
① 株主総会議事録（法318条、施72条参照）の内容確認
② 株主総会議事録、代理権証明書面（法310条参照）、議決権行使書面

（法 311 条参照）といった要備置書類の備置状況の確認

③　総会決議事項に関する処理状況（配当金の支払状況、退職慰労金の金額確定と支給の状況等）の確認

④　要登記事項の手続履践状況の確認

⑤　決算公告の実施状況の確認（有価証券報告書提出会社においては不要）

⑥　有価証券報告書提出会社においては定時株主総会後の臨時報告書（開示府令 19 条 2 項 9 号の 2・9 号の 3）の提出状況の確認

152　第5章　監査役（会）と取締役・取締役会

第5章　監査役（会）と取締役・取締役会

1　取締役会・取締役と監査役（会）との関係

Q93　取締役会の監督との違い

取締役会による監督と監査役による監査の相違点を教えてください。

監査役は、会計監査権限（法436条1項）のほか、取締役の職務の執行を監査する権限（業務監査権限）を有しています（法381条1項）。

取締役会も代表取締役や業務執行取締役による職務の執行を監督しますが（法362条2項2号）、監査役による監査との違いは、取締役会による監督が業務執行の妥当性にまで及ぶ（妥当性監査）のに対し、監査役による業務監査権限は、原則として業務執行の適法性（法令・定款違反）の監査（違法性監査）に限られる点にあります。そのため、監査役の業務監査権限は、限定された問題についてのみ、相当でない事項または著しく不当な事項を指摘することに限られるとするのが多数説です（法384条参照、江頭523頁）。

ある職務執行が妥当か否かについては、究極的には人事で決着することになりますが、代表取締役や業務執行取締役の選定・解職権は、取締役会設置会社においては取締役会にあり、監査役にはないため、職務執行の妥当性について監査役の監査を及ぼすことは原則として困難と考えられます。ある取締役の職務執行の当否について監査役が取締役会と対立した場合、監査役が最終的にとりうる手段は、取締役の責任追及訴訟や監査報告への記載ですが、訴訟では、適法か違法かの判断しかなされず、職務執行の妥当性については判断されませんし、また、妥当性の問題は、営業秘密にかかわる事項が多いため、監査報告のような開示書類への記載には適しません。

もっとも、取締役の法令違反ないし善管注意義務違反といった違法性にかかわる問題は、業務執行の不当性とも密接に関係するため、実務上は、監査役に

よる監査も、取締役の職務執行に不当な点がないか否かの検討が出発点になるでしょう。監査役は、取締役会への報告義務や、取締役会における意見陳述義務を負いますが（法382条、383条1項）、取締役による違法な職務執行を早期に防止するには、取締役会における監査役の報告・意見陳述の内容が、妥当性にわたるという理由で制限されるべきではないと考えられます（江頭524頁）。違法性監査と妥当性監査のより詳しい説明については、Q48をご参照ください。

　なお、いわゆる株式譲渡制限会社（監査役会や会計監査人が設置されている会社は除く）では、監査役の監査の範囲を、定款で会計監査に限定することができますが（法389条1項）、取締役会による監督にはこのような限定は予定されていません。

　また、取締役会と監査役会の相違点をまとめると、図表5-93のようになります。

図表5-93　取締役会と監査役会の相違点

	取締役会	監査役会
人数	3人以上	3人以上
構成	社外取締役の設置義務なし	半数以上が社外監査役 1人以上の常勤監査役
招集権者	原則として各取締役 （各監査役に招集権限が 認められる場合あり）	各監査役
招集手続	1週間前（定款で短縮可能）に通知 （取締役・監査役全員の 同意で省略可）	1週間前（定款で短縮可能）に通知 （監査役全員の同意で省略可）
定足数	「議決に加わることができる 取締役」の過半数	―
決議要件	出席取締役の過半数 （定款で引上げ可）	全監査役の過半数
議事録	株主・債権者・親会社株主が 裁判所の許可を得て閲覧謄写可	株主・債権者・親会社株主が 裁判所の許可を得て閲覧謄写可
決議の瑕疵	無効	無効
監査・監督	妥当性監査	違法性監査

154　第5章　監査役（会）と取締役・取締役会

Q94　監査役と業務執行者との関係

監査役と業務執行者との関係を教えてください。

代表取締役等の業務執行者と監査役とは、会社の健全な発展をめざすという終局的な目的は共通しています。もっとも、監査役の職務・権限は、取締役の職務執行を監査することであるため（法381条）、法的な観点からは、監査役には、監査される立場である業務執行者からの独立性が要請されます。

監査役がその職責を果たすためには、単に法定の監査報告を作成するだけでなく、監査の結果に基づき、業務執行者に対して適時・適切に報告・指摘・助言・勧告といったフィードバックをすることで、会社の健全な発展に寄与することが期待されます。

また、監査役が上記権限を適切に遂行するためには、特に代表取締役社長とのコミュニケーションを維持することが重要です。そのためには、定期的な会合を設ける、あるいは日常的に随時対話の機会を設けることが考えられます（詳細は Q100 参照）。

Q95　取締役会への出席

監査役が取締役会に出席する際の留意点について教えてください。

監査役には、取締役会に出席し、必要があると認めるときは意見を述べる義務があります（法383条1項）。これは、監査役が取締役の違法・不当な行為を阻止する権限を適切に行使するために課された義務であり、監査役のもっとも基本的な監査の方法です。

1　出席に際しての留意点

監査役による業務監査権限の内容は、原則として違法性監査ですので、監査役が取締役会に出席する上では、会社法その他関係法令、定款・取締役会規則等の内規に精通しておく必要があります。

取締役会の事前準備および席上で監査役が留意すべきポイントは、以下のとおりです。

① 招集通知を受領した際には、その内容を確認の上、付議予定の議案書を入手すること
② 決議・報告事項が法令・定款・取締役会規則に従っているか（取締役会付議基準の遵守等）を確認すること（特に、株主総会の招集を決定する取締役会の場合は、総会に提出しようとする議案を調査すること（法384条））
③ 議案書や会議資料が、取締役の経営判断の原則の観点から十分な記載・内容となっているか確認すること
④ 経営判断の原則の観点から、十分な審議を尽くした上で適切な意思決定がなされているかを確認すること
⑤ 取締役会が代表取締役・業務執行取締役の職務の執行を適切に監督しているか（法362条2項2号）、代表取締役・業務執行取締役が3か月に1回以上取締役会に職務の執行の状況を報告しているか（法363条2項）を確認すること
⑥ 大会社の場合、取締役会が内部統制システムに関して法令で求められる事項（法362条4項6号、施100条）を決定しているかを確認すること（法362条5項）

　上記の事項に問題があると認めた場合、監査役は意見を述べなければならず（法383条1項）、あえて意見を述べなかった場合は任務懈怠責任（法423条）を問われることがあります。また、法令・定款に違反する行為であって、その行為によって会社に著しい損害が生じるおそれがあるときは、監査役はその差止めを請求することができます（法385条）。

　意見を述べる際の留意点ですが、監査役は取締役会で意見を述べる義務がありますので、何らかの問題について経営会議その他重要会議において意見を述べたとしても、必要な意見は、別途取締役会で発言しなければなりません。また、監査役は取締役会における議決権を持たないので、意思決定に参加するような発言は控え、あくまでも問題の指摘、質問、是正のための助言・勧告といった発言を行うようにします。

　上程された議案について適法性の問題がなくても、妥当性に疑問があるような場合にも監査役が意見を述べなければならないか、という問題があります。この点、監査役の監査は原則として違法性監査に限定されると解されますし、監査役は必ずしも企業経営に精通しているとは限りませんので、妥当性の問題について意見を述べなかったとしても、監査役が任務懈怠責任を負うかは疑問があります。もっとも、監査役が妥当性について意見を述べることが制限されてはならないと考えられます（詳細は**Q93**参照）。

　なお、監査役は、取締役が株主総会に提出しようとする議案、書類その他法務省令で定めるものを調査しなければなりません（法384条前段）。取締役会

設置会社では、取締役会において株主総会の招集が決定されますので、ここでの調査の対象となる議案は、取締役会で決定されることになります（法298条1項2号・4項、施63条7号）。そのため、監査役は、株主総会の招集を決定する取締役会においては、当該総会に提出しようとする議案について調査する必要があります。

2 取締役会への報告義務

監査役は、取締役による不正行為もしくはそのおそれがあると認めるとき、または法令・定款に違反する事実もしくは著しく不当な事実があると認めるときは、遅滞なく、その旨を取締役会に報告しなければなりません（法382条）。そのため、監査役は、取締役会が開催されるときに、その場で上記の点を報告することになります。

定例の取締役会を待っていては取締役の不正行為または法令・定款違反の事実等を阻止することができない場合等、上記の報告をするために必要と認めるときは、監査役は取締役に対し、取締役会の招集を請求することができます（法383条2項）。この請求後、一定期間内に招集の通知が発せられない場合は、その請求をした監査役は、自ら取締役会を招集することができます（同条3項）。

監査役が法382条の報告義務を怠った場合は、任務懈怠責任（法423条）を負うことがあります。そのため、監査役が取締役の不正行為や法令・定款違反の事実等を発見した場合は、定例の取締役会の開催が間近に迫っていない限り、ただちに取締役会の招集請求権および招集権を行使していくことになります（監査役による取締役会の招集についてはQ102を参照）。

大会社である取締役会設置会社においては、いわゆる内部統制システムの構築が求められ（法362条4項6号・5項）、また、当該大会社が監査役設置会社であれば、取締役および使用人が監査役に報告をするための体制やその他監査役の監査が実効的に行われるための体制が構築されます（施100条3項3号・4号）。そのため、監査役は、こうした内部統制システムを活用して、取締役の不正行為等を早期に発見することが期待されます。

なお、監査役は、その発見した取締役の不正行為または法令・定款違反の事実等を取締役および監査役の全員に対して通知することで上記の取締役会への報告義務を履行することもできます（法372条）。もっとも、取締役会の場で口頭により報告を行った方が、その場で事実確認をした上で迅速な善後措置を講じることが可能となるため、より望ましいと考えられます。

3 書面決議

取締役会の招集通知は、各監査役に対しても行われる必要があり、招集通知の省略には監査役全員の同意が必要となります（法368条）。取締役全員の書面の同意による決議（書面決議）は、監査役が異議を述べないことを要件としていますので（法370条）、実質的には監査役全員の同意がない限り、書面決議を行うことはできません。そのため、監査役は、取締役が書面決議を行おうとする場合は、提案内容や書面決議を行うことについて検討し、必要があるときは異議を述べることになります。

4 議事録

監査役は、出席した取締役会の議事録に署名または記名押印しなければなりません（法369条3項）。監査役は、取締役会による業務執行の適正を担保する役割を担いますので、議事録の署名または記名押印に先立ち、議事録の内容が適切に記載されているかをドラフトの段階で確認することになります。具体的には、議事の経過の要領およびその結果、その他法令で定める事項（施101条3項各号）が適切に記載されているかを確認します。

5 特別取締役による取締役会

取締役会が、重要な財産の処分・譲受けおよび多額の借財についてあらかじめ選定した3人以上の取締役（特別取締役）による議決ができる旨を定める場合（法372条2項）であっても、原則として、監査役の全員が特別取締役による取締役会に出席する義務があります。もっとも、監査役が2人以上いる場合は、監査役の互選によって、監査役の中から特別取締役による取締役会に出席する監査役を定めることができます（法383条1項ただし書）。

特別取締役による取締役会の趣旨は、取締役会の専権事項のうち、日常業務的要素の強い重要な財産の処分等の事項については、一部の取締役に委ねて機動的に決定させる点にあります。かかる取締役会に出席した監査役は、上記1～4に留意して活動するとともに、出席しなかった監査役と適宜情報を共有することが期待されます。

Q96 取締役会以外の重要会議への出席

監査役は取締役会以外の重要な社内会議にも出席すべきでしょうか。もし出席すべき場合、出席する際の留意点を教えてください。

監査役は、いつでも、取締役、会計参与、使用人に対して事業の報告を求め、

または会社の業務・財産の状況を調査することができるとされていますので（法381条2項）、必要があれば、こうした業務財産調査権を行使して、取締役会以外の重要な社内会議に出席することもできると解されています（江頭525頁）。取締役の職務の執行の監査という監査役の職責を果たすために、監査役が出席すべき重要な社内会議とは、具体的には、①常務会、経営会議のような経営上重要な事項の意思決定に関する会議や、②コンプライアンス委員会や内部統制委員会等、内部統制に関する会議が考えられます。

　常勤監査役であれば、できる限りこれらの会議に出席することが望ましいですが、非常勤監査役は、状況によっては出席できない場合もあるでしょう。そのため、出席しなかった監査役は、出席した監査役から会議の状況について説明を受け、資料を入手・閲覧した上、必要があれば他の監査役と協議し、場合によっては問題について取締役と協議する等の対応が考えられます。

　なお、出席した監査役は、取締役による意思決定の過程、職務の執行の状況、法令・定款・社内規定の遵守の状況を確認し、必要と認めるときは意見を述べます。その他、監査役が取締役会に出席する場合の留意点が参考になります（詳細は **Q95** 参照）。

Q97　取締役会議事録その他重要書類の閲覧

　監査役が取締役会議事録その他の重要書類等を閲覧する場合の留意点を教えてください。

　監査役は、いつでも、取締役、会計参与、使用人に対して事業の報告を求め、または会社の業務・財産の状況を調査することができるとされています（法381条2項）。監査役は、かかる業務財産調査権の一環として、会社の重要書類を閲覧し、取締役の職務の執行に関する法令・定款違反等の有無、情報保存管理体制等の内部統制システムの整備・運用に関する問題の有無等を調査することができると考えられます。

　監査役の閲覧の対象となる重要書類としては、次のようなものが考えられます。

① 定款・取締役会規則その他の重要な社内規程
② 株主総会・取締役会その他重要な社内会議（詳細は **Q96** 参照）の議事録
③ 法令等に基づく開示・提出・備置書類
④ 重要な契約書、社長決裁稟議書その他重要な稟議書
⑤ 各種事業計画、予算・決算関連書類、月次・四半期報告、内部監査報告書等
⑥ 訴訟記録その他訴訟関連書類

　監査役がこれらの書類を閲覧する際には、上記のような閲覧の目的に照らし、取締役の職務の執行に関して法令・定款違反がないか、取締役の意思決定は善管注意義務を尽くしたもの（経営判断の原則をふまえたもの）であるか、情報保存管理体制その他内部統制システムの整備・運用に問題がないか、といった点に留意することになります。

Q98　監査役と取締役の共通点・相違点

　監査役と取締役の共通点と相違点を教えてください。

　監査役と取締役の共通点は、以下のとおりです。

① 株主総会で選任・解任される役員であること（法 329 条 1 項、339 条 1 項）
② 補欠役員の制度があること（法 329 条 2 項）
③ 会社と委任の関係にあること（そのため会社に対して善管注意義務を負うこと）（法 330 条、民法 644 条）
④ 法定の欠格事由があること（法 331 条 1 項・2 項、335 条 1 項）
⑤ 欠員が生じた場合の措置（法 346 条）
⑥ 報酬の決定は定款の定めまたは株主総会の決議によること（法 361 条 1 項、387 条 1 項）
⑦ 任務を行ったときは会社・第三者に対して損害賠償責任を負うこと（法 423 条 1 項、429 条 1 項）

　他方、両者の相違点は以下のとおりです。
① 任期
　取締役が原則 2 年であるのに対し、監査役は原則 4 年です（法 332 条、336 条）。
② 兼任の可否
　取締役については他の役員との兼任は特に制限されません（ただし、監査役等に対する兼任規制の結果、事実上兼任が規制されることがあります）が、監査役は、会社または子会社の取締役・使用人等との兼任が禁止されます（法 335 条

160　第5章　監査役（会）と取締役・取締役会

2項）。

③　解任決議の要件

　取締役が株主総会普通決議で解任されるのに対し、監査役の解任には株主総会特別決議を要します（法339条1項、309条2項7号、341条）。

④　権限内容

　取締役が業務を執行する（ただし、取締役会設置会社の場合は、取締役会が業務執行の決定と他の取締役の職務の執行の監督を行います）のに対し、監査役は取締役の職務の執行を監査し、監査報告を作成します（法348条1項、381条1項）。また、取締役は会社を代表しうるのに対し、監査役は、会社と取締役との間の訴えに限り会社を代表することができます（法349条、386条）。

⑤　忠実義務の有無

　取締役が会社に対して忠実義務を負うのに対し、監査役は忠実義務を負いません（法355条）。取締役は、忠実義務の一内容として、競業取引および、自己取引・間接取引による利益相反が制限されます（法356条）。

　なお、取締役も監査役も、いずれも株式会社の役員として、会社との委任関係に基づき、会社に対して善管注意義務を負っています（法330条、民法644条）。

⑥　個別の報酬額の決定

　取締役については、取締役全員に対する報酬の総額が定款・株主総会決議で決まっている限り、各取締役に対する個別の配分は取締役間の協議等に委ねてもよいとされています。これに対し、監査役の個別の報酬額が決まっていない場合は、監査役の全員一致による協議で定める必要があります（法387条2項）。監査役の報酬の決定手続については**Q21**もご参照ください。

　なお、取締役、監査役および会計監査人の相違点をまとめると、図表5-98のようになります。

図表5-98　取締役・監査役・会計監査人の相違点

	取締役	監査役	会計監査人
資格	自然人	自然人	公認会計士・監査法人
任期	原則2年 （短縮可）	原則4年 （短縮不可）	1年（不再任決議 なければ再任）

	取締役	監査役	会計監査人
兼任の可否	制限なし	制限あり	制限あり
選任決議	定足数：議決権の過半数（定款で3分の1以上まで軽減可） 決議要件：出席株主の議決権の過半数（定款で引上げ可）		普通決議
解任決議	同上	特別決議	普通決議
職務・権限	業務執行・職務執行の監督	職務執行の監査・監査報告の作成	会計監査報告の作成
忠実義務	あり	なし	なし
選解任議案の決定権者	取締役（会）	取締役（会）	監査役（会）
選解任議案への同意	—	監査役（会）	—
報酬の決定	株主総会	株主総会	取締役（会）
報酬への同意	—	—	監査役（会）

Q99　取締役に対する事業報告請求

監査役が取締役に対して事業報告を求める際の留意点を教えてください。

　監査役は、いつでも、取締役、会計参与、使用人に対して事業の報告を求め、または会社の業務・財産の状況を調査することができるとされています（法381条2項）。代表取締役と業務執行取締役は、3か月に1回以上、職務の執行の状況を取締役会に報告しなければならず（法363条2項）、監査役には取締役会への出席義務がありますが（法383条1項）、監査役は、取締役会に出席した機会に限らず、いつでも取締役に対して事業に関する報告を求めることができます。監査役の要求が権限濫用でない限り、請求の時期や方法は限定されません。したがって、監査役は、取締役に対して、口頭または書面を問わず、事業の報告を自由に求めることができます。

　監査役設置会社においては、会社に著しい損害を及ぼすおそれのある事実を発見した取締役は、監査役に対し当該事実を報告する義務がありますが（法357条1項）、報告を受けた監査役は、当該事実に関連する取締役に対して事

162　第5章　監査役（会）と取締役・取締役会

業報告を請求したり、業務・財産の調査権を行使する等して、事実関係を確認した上で、違法行為等の差止め（法385条1項）等の措置を講じることが考えられます。

なお、監査役から事業報告の請求を受けた取締役は、当該請求に応じて報告する義務を負います。取締役がかかる義務に違反したために、監査役が必要な調査をすることができなかったときは、監査役はその旨およびその理由を監査報告に記載しなければなりません（施129条1項4号、計122条1項3号、127条5号）。

Q100　取締役等との意思疎通・情報収集

取締役や代表取締役との意思疎通や情報収集における留意点について教えてください。

監査役には、取締役の職務執行を監査する権限がありますが（法381条1項）、その職務を適切に遂行するため、会社・子会社の取締役等と意思疎通を図り、情報収集および監査環境の整備に努め、必要に応じ、他の監査役等との意思疎通および情報交換に努めなければなりません（施105条2項・4項）。

こうした意思疎通・情報収集の具体的な方法としては、以下のような機会を活用して、取締役から報告を受け、説明を求め、また意見交換をすることが考えられます。

---

① 取締役会等の重要会議
② 取締役等を監査役会に招くこと
③ 現地調査や会計監査人監査への立会い等
④ 非公式の個別会合（役員室に立ち寄る等もありうる）を積極的に設けること

上記のような取締役との意思疎通や情報交換の機会は、常勤監査役であれば比較的容易に確保することができますが、非常勤監査役の場合は少なくなりがちです。そのため、常勤監査役が協力して、非常勤監査役が取締役とのコミュニケーションを図る機会を確保するように配慮することが望ましいといえます。

また、監査役が上記権限を適切に行使するためには、特に代表取締役社長とのコミュニケーションを維持することが重要です。そのためには、定期的な会合を設ける、あるいは日常的に随時対話の機会を設けることが考えられます。具体的には、以下のような方法がありえます。

① 期末や四半期末等の定期をとらえ、当期の問題点・課題等の監査の結果について、社長への説明の機会を設けること
② 上記のような定期の説明以外にも、随時重要な問題が発生した際には、対話の機会を社長に提案すること
③ 常勤監査役であるために社長に本音で指摘することが容易でないような場合は、意見しやすい立場である社外監査役の助力を得ること
④ 社外監査役であるために物理的な機会を設けにくい場合は、常勤監査役等の助力を得るように努めること

　なお、上記の職務を適切に遂行するため、監査役は、同じ会社の監査役同士、内部監査部門等、会計監査人、さらには親会社・子会社の監査役・内部監査部門等・会計監査人等との間でも、積極的な意思疎通や情報の収集・交換に努めなければなりません（施105条4項）。

② 取締役の違法行為への対応

Q101　不正・違法行為の監査・検証

　取締役が不正行為をし、または法令もしくは定款違反や著しく不当な事実があるときは、取締役会に報告すべきとされていますが、この点はどのように監査・検証するのでしょうか。

　監査役は、取締役が不正の行為をし、もしくは当該行為をするおそれがあると認めるとき、または法令もしくは定款に違反する事実もしくは著しく不当な事実があると認めるときは、遅滞なく、その旨を取締役会に報告しなければなりません（法382条）。監査役には、会計監査のみならず、業務監査を行う権限も付与されており（法381条1項）、こうした業務監査権限に基づく具体的な職務権限の1つとして取締役会への報告義務が定められています。
　監査役は、①いつでも、取締役および会計参与ならびに支配人その他の使用人に対して事業の報告を求め、または監査役設置会社の業務および財産の状況を調査することができ（法381条2項）、②その職務を行うため必要があるときは、監査役設置会社の子会社に対して事業の報告を求め、またはその子会社の業務および財産の状況の調査をすることができます（同条3項）。監査役は、こうした調査権限を行使することにより、取締役会への報告義務の対象となる

法令・定款違反等の事実を監査・検証することになります。

1 取締役会への報告義務の対象

　取締役会への報告義務の対象となるのは、「不正の行為」、「法令違反」、「定款違反」、「著しく不当な事実」です。ここでいう「不正の行為」とは、法382条が法令・定款違反行為と区別して規定していることからすれば、直接には法令・定款違反行為には該当しないものの、社会的に不当な行為をいうものと考えられます。「法令違反」とは、株主・債権者の利益保護を目的とする会社法の具体的規定（法156条、356条1項、365条等）、善管注意義務（法330条、民法644条）や忠実義務（法355条）を定める一般的な規定に違反する場合に加えて、独占禁止法や労働関連法規等の公益保護を目的とする規定を含むすべての法令の違反をいいます（江頭524頁注2）。「定款違反」とは、会社の事業目的（法27条1号）の範囲を超える行為を行う場合等が考えられます。「著しく不当な事実」とは、法令・定款には違反しないものの、それを決定し、行うことが妥当でない場合を指すものと解されています（コンメ(8)402頁〔砂田太士〕）。

2 監査・検証の方法

　以上の事項を監査役が監査・検証する方法としては、取締役等に対する事業報告請求権および業務財産調査権（法381条2項）ならびに子会社に対する事業報告請求権および業務財産調査権（同条3項）を行使することが考えられます。具体的には次のような方法があります（新任監査役ガイド50頁参照）。

---

① 　会社・子会社の取締役・従業員等との意思疎通・情報収集（詳細は **Q100** 参照）

② 　取締役会その他重要会議への出席（詳細は **Q95** 、**96** 参照）

③ 　取締役会議事録その他の重要書類等の閲覧（詳細は **Q97** 参照）

④ 　本社・支社・支店・事業所・子会社等の調査

⑤ 　（大会社の場合）内部統制システムを通じた情報収集

　会社が法令等を完全に遵守することは必ずしも容易ではありません。なぜなら、関連する法令が多岐にわたるため、社内の法令遵守状況を把握することがそもそも困難ですし、役職員全体が関連法令を必ずしも十分理解しているとは限らないからです。また、会社は営利を目的とする団体ですので、収益の向上や営業上の事情が法令遵守に優先してしまうこともあります。そのため、会社における不正・違法行為を事前に発見することもまた容易ではなく、その監査・検証を行うには、上記のいずれも駆使することが望ましいです。

3　監査・検証のポイント

　監査役が不正・違法行為を監査・検証していく上では、以下のような点に留意すべきと考えられます（新任監査役ガイド 62～63 頁参照）。

> ①　企業風土としての遵法意識はどうか（特にトップの姿勢と認識が重要）
> ②　不正や違法行為の温床となるような要素はないか（使途不明金や「聖域」の存在、労働法規の遵守状況、各種ハラスメントの有無、下請との関係等の確認）
> ③　関係法令等の把握・周知徹底は適切になされているか
> ④　内部統制システムやモニタリング体制の構築・運用は適切になされているか（構築されていても無効化されていないか）
> ⑤　取締役の遵法意識はどうか、個別の事象について善管注意義務・忠実義務違反はないか
> ⑥　企業不祥事発生時の対応は適時・的確か（企業不祥事への対応については Q104 を参照）

　法令遵守体制の監査（法令違反の有無の監査）については、Q50 もご参照ください。

Q102　監査役による取締役会の招集

　監査役はどのような場合に取締役会を招集することができるのでしょうか。また監査役が取締役会を招集する方法について教えてください。

　監査役は、取締役による不正行為もしくはそのおそれがあると認めるとき、または法令・定款に違反する事実もしくは著しく不当な事実があると認めるときは、遅滞なく、その旨を取締役会に報告しなければならず（法 382 条）、この報告をするために必要と認めるときは、監査役は取締役に対し、取締役会の招集を請求することができます（法 383 条 2 項）。具体的には、定例の取締役会を待っていては取締役の不正行為または法令・定款違反の事実等を阻止することができない場合等が考えられます。

　招集の請求では、招集が必要であることや会議の目的を示す必要はありません。

　この請求があった日から 5 日以内に、当該請求があった日から 2 週間以内の日を開催日とする取締役会の招集通知が発せられない場合は、その請求をした監査役は、自ら取締役会を招集することができます（法 383 条 3 項）。

　監査役が法 382 条に基づく取締役会への報告義務を怠った場合は、任務懈怠責任（法 423 条）を負うことがあります。そのため、監査役が取締役の不正

行為や法令・定款違反の事実等を発見した場合は、定例の取締役会の開催が間近に迫っていない限り、ただちに取締役会の招集請求権および招集権を行使していくことになります。

なお、取締役会が、重要な財産の処分・譲受けおよび多額の借財についてあらかじめ選定した3人以上の取締役(特別取締役)による議決ができる旨を定める場合、監査役は、違法・不正行為等を認めた場合であっても、かかる特別取締役による取締役会の招集を請求したり、自ら招集したりすることはできません(法383条4項、373条2項)。特別取締役による取締役会は、通常迅速に開催されるため、あえて監査役による招集請求を認める必要性に乏しいからであると考えられます。

Q103　監査役による取締役の違法行為等の差止め

　監査役による取締役の違法行為等の差止請求権とはどのようなもので、どのように行使するのでしょうか。

　監査役は、取締役が会社の目的の範囲外の行為その他法令もしくは定款に違反する行為をし、またはこれらの行為をするおそれがある場合において、当該行為によって会社に著しい損害が生ずるおそれがあるときは、当該取締役に対し、当該行為をやめることを請求することができます(法385条1項)。こうした差止請求を裁判所の仮処分命令で行う場合は、監査役は担保を立てる必要がありません(同条2項)。

1　差止請求権の要件

　監査役による取締役の違法行為等の差止請求権の要件は、①取締役が法令・定款違反行為を行いまたは行うおそれがあること、および、②これらの行為によって会社に著しい損害が生ずるおそれがあることです。

　①のうち、法令違反行為とは、会社法の具体的規定や善管注意義務・忠実義務違反に加えて、独占禁止法等会社法以外の法令の違反を広く含みます(詳細はQ101参照)。定款違反行為は、会社の事業目的(法27条1号)の範囲を超える行為を行う場合等が考えられます。法令・定款違反行為であっても、その行為がすでになされてしまい、第三者との間で有効な法律関係が生じてしまった場合(たとえば、法令・定款により取締役会決議を要する取引をその決議なしに行ったが、決議がないことを相手方が知らない場合等)は、第三者の利益を保護するため、当該行為を差し止めることは認められないと考えられます。他方、

そもそも法的に無効な行為については差止めを認める意味がなさそうですが、これに基づく履行自体を差し止める意味はあると考えられます（たとえば、取締役が会社との不動産売買契約を締結する行為は、自己取引であるため、取締役会の承認がなければ当該取締役との関係では無効ですが、会社の代表取締役による売買実行を差し止めることが考えられます）。

②については、法令・定款違反行為か否かを客観的に判断することは容易でないこと、監査役が取締役の業務執行に不当な干渉をしないようにする必要があることから要件とされています（コンメ(8)416頁〔岩原紳作〕）。「著しい損害」とは、その損害の質・量が著しいことを意味し、損害回復の可能性の有無は問題とならないと解されています。

上記2要件を満たす場合、監査役には差止請求権が認められますが、違法行為等の差止請求権を行使することは同時に監査役の義務でもありますので、監査役が当該権利を行使することを怠った場合は任務懈怠責任を問われる可能性があります。

2　差止請求権行使の方法

差止請求権の具体的な行使の方法について制限はありません。そのため監査役は、まずは違法行為等を行おうとしている取締役に対して、口頭または書面で当該行為の差止めを請求することができます。また、取締役会への報告義務（法382条）の履行により、取締役会による監督機能（法362条2項2号）を通じて当該行為を差し止めてもらうことも考えられます。それでも当該取締役が当該行為をやめない場合は、裁判所に対して、差止請求を本案訴訟とする差止仮処分命令を申し立てることになります。

裁判所が仮処分命令を出す場合は、原則として申立人に担保の提供を求めることができますが（民事保全法14条1項）、監査役の申立てによって当該取締役に対し当該行為をやめることを命ずるときは、監査役に担保を立てさせないものとされており（法385条2項）、監査役による差止請求権の行使に配慮されています。

3　差止請求権行使の効果

監査役が差止請求権を行使した結果、裁判所が差止仮処分命令を発令したにもかかわらず、取締役がこれを無視して法令・定款違反行為を強行した場合の当該行為の効力については、学説上見解が分かれています。多数説は、仮処分命令は会社に対する不作為義務を取締役に課すにとどまり、取締役による行為の効力には影響しないと解釈されています。この見解によれば、取締役が当該

不作為義務違反について会社に対して損害賠償義務を負うか否かは、別途訴訟で争われることになります（江頭 497 頁）。

上記 1 のように、違法行為等の差止めは監査役としての義務であるため、監査役としては、法 385 条 1 項の要件を満たす行為に気づいた場合は、差止請求権行使の効果にかかわらず、仮処分命令の申立ても含めた権利行使を検討することになります。

Q104　監査役の企業不祥事への対応

企業不祥事に関して監査役としてとるべき対応について教えてください。

企業不祥事への対応としては、発生前（平時）の対応と発生後（有事）の対応があります。監査役は、法令上の監査役としての権限・義務にとらわれず、平時であれば不祥事の予防対策として、また有事であれば不祥事の拡大防止対応として、実効的なさまざまな対応をすることが望ましいと考えられます。具体的には、平時の対応としては、取締役等の対応状況を監視・検証し、必要に応じて監査役会での審議・協議や弁護士等への相談を経て、その結果について取締役会に対して報告・指摘・助言・勧告等を行います。有事の対応としては、企業不祥事が発生した場合は、取締役等から報告を求め、必要があれば調査委員会を設置する等して事実関係の把握に努めるとともに、取締役の対応が適切でない場合には、外部の独立した弁護士等に依頼して第三者委員会を立ち上げる等して、原因究明・再発防止等を検討するために適切な措置を講じることになります。

1　企業不祥事とは

企業不祥事に関する法令上の定義はありませんが、監査役監査基準上は、法令または定款に違反する行為その他社会的非難を招く不正または不適切な行為（同基準 27 条 1 項）と定義されています。

企業不祥事は、①財務不祥事（粉飾決算、循環取引、横領・背任等）、②製品等不祥事（欠陥製品のリコール、製品データや賞味期限の偽装等）、③独占禁止法違反（談合、カルテル等）、④その他不祥事（情報漏えい、インサイダー取引規制違反、贈収賄等）といった類型に大別されます（「企業不祥事の防止と監査役」月刊監査役 562 号（2009 年）33 頁等参照）。

2　平時の対応

監査役には、会計監査のみならず、業務監査を行う権限も付与されています

が（法 381 条 1 項）、この業務監査権限は違法性監査であるとされています（Q93 参照）。また、監査役は、取締役が不正の行為をし、もしくは当該行為をするおそれがあると認めるとき、または法令もしくは定款に違反する事実もしくは著しく不当な事実があると認めるときは、遅滞なく、その旨を取締役会に報告しなければなりません（法 382 条）。

したがって、監査役による企業不祥事の平時対応としては、上記のような違法・不正行為の監査・検証を通じて企業不祥事を予防していくことや、内部統制システムやモニタリング体制の構築・運用が適切になされているかの確認が必要になります（具体的な監査・検証の方法およびポイントについては Q101 参照）。

内部統制システムやモニタリング体制が構築されていても、何らかの事情で形骸化・無効化されていれば、企業不祥事を予防することは困難となりますので、これらの体制が実際に有効に機能しているか否かという視点から監視していくことも重要です。

3 有事の対応

監査役は、企業不祥事が発生した場合、ただちに取締役等から報告を求め、必要に応じて調査委員会の設置を求め、調査委員会から説明を受け、当該企業不祥事の事実関係の把握に努めるとともに、原因究明、損害の拡大防止、早期収束、再発防止、対外的開示のあり方等に関する取締役および調査委員会の対応の状況について監視し、検証しなければなりません（監査役監査基準 27 条 1 項）。

日本監査役協会が平成 27 年に実施したアンケートの集計結果である「役員等の構成の変化などに関する第 16 回インターネット・アンケート集計結果（監査役（会）設置会社版）」によれば、業務監査等を通じて、将来重大な問題に発展するおそれがあると思われる事象を発見したとき、監査役は実務上次のような対応をとっているようです（図表 5-104）。監査役は表中の対応のいずれかのみではなく、複数の対応をとっていることに留意が必要です。

図表 5-104　企業不祥事発見時における監査役の初期対応

1	当該事象に関する情報の収集に努めた	77.7%
2	関係する取締役から事情を聞いた	77.4%
3	関係する取締役に直接指摘・助言を行った	54.3%

4	当該事象の存在について、社長に対して直接報告・説明をした	43.5%
5	取締役会、経営会議等で報告・説明をした	30.3%
6	事象の推移を見守ったところ、状況が改善されたので特に対応はしなかった	9.8%
7	上記外の対応	2.1%

　将来重大な問題に発展するおそれがあると思われる事象の端緒をつかんだ場合には、取締役からのヒアリングを含め、まずは情報収集に努めることが必要であり、端緒をつかみながら適切な判断の基礎となる情報収集すら行わなければ、監査役自身が善管注意義務違反を問われるおそれがあると考えられます。

　上記情報収集の結果、取締役の対応が、独立性、中立性または透明性等の観点から適切でないと認められる場合、監査役は、監査役会における協議を経て、取締役に対して当該企業不祥事に対する原因究明および再発防止策等の検討のために外部の独立した弁護士等に依頼して、第三者委員会の設置の勧告を行い、あるいは必要に応じて外部の独立した弁護士等に自ら依頼して第三者委員会を立ち上げる等、適切な措置を講じることになります（監査役監査基準27条2項）。

　第三者委員会を立ち上げる場合、監査役は、当該企業不祥事に対して明白な利害関係（自ら当該不祥事に関与していたり、当該不祥事に気づきながら何らの措置も講じていなかったといった事情が考えられます）がない限り、自ら第三者委員会の委員に就任することが望ましく、その場合は、会社に対する善管注意義務を前提に、他の委員と協働してその職務を適正に遂行します。また、自ら委員に就任しない場合でも、第三者委員会の設置の経緯や対応の状況について、早期の原因究明の要請や当局との関係等の観点から適切である限り、第三者委員会から説明を受け、必要に応じて監査役会への出席を求めます（監査役監査基準27条3項）。

　第三者委員会の設置・運用については、第三者委員会のベスト・プラクティスとして日本弁護士連合会がとりまとめた「企業等不祥事における第三者委員会ガイドライン」も参照することが望ましいです。

　なお、公開会社において企業不祥事が発生した場合、事業報告の記載事項である「株式会社の会社役員に関する事項」のうち社外役員の主な活動状況として、各社外監査役が当該企業不祥事の発生の予防のために行った行為、および当該不祥事の発生後の対応として行った行為の概要の記載が必要になります

（施 124 条 1 項 4 号、121 条、119 条 2 号）。

③　会社と取締役との訴訟における監査役の役割

Q105　責任追及等の訴えの提訴請求への対応

　株主から取締役に対する提訴請求を受けた場合、監査役はどのように対応すればよいでしょうか。

　監査役設置会社が取締役または元取締役に対して訴えを提起する場合、馴れ合いを防止するため、監査役が会社を代表することとなります。株主による取締役に対する提訴請求を受けた場合も同様に監査役が会社を代表するものとされています（法 386 条）。

　株主による取締役に対する提訴請求がなされた場合、まず監査役が提訴期限までに調査を実施し、訴訟を提起するかどうかを決定しなければなりません（法 847 条）。提訴請求を受領した場合、監査役はただちに、以下の点について調査を開始する必要があります。

1　提訴請求の法律上の要件

　提訴請求をするためには被告となるべき者、請求の趣旨および請求を特定するのに必要な事実が書面・電磁的方法により提供されていることが法律上の要件とされています。なお、提訴請求の宛先は、監査役設置会社の場合は監査役とされるべきですが、株主が請求の宛先を間違えた場合でも、監査役において、上記請求書の記載内容を正確に認識した上で取締役に対する訴訟を提起すべきか否かを自ら判断する機会があったときは、株主が提起した代表訴訟を不適法として却下することはできないと解されます（農業協同組合の事例として、最判平成 21・3・31 民集 63 巻 3 号 472 頁）。

2　請求株主の請求資格の有無

　請求株主の請求資格の有無の調査にあたり、対象株式が振替株式である場合、少数株主権の行使である以上は個別株主通知を求めることになると思われますが、株式価格決定事件に関する最決平成 22・12・7 民集 64 巻 8 号 2003 頁の趣旨からすれば、口頭弁論終結時までに個別株主通知がなされればよいと考えられますので、提訴請求時点で個別株主通知がないことをもって不適法な請求と取り扱うことについては慎重であるべきと思われます。

3 記載された責任原因事実の有無や対象とされた取締役の責任の存否

提訴請求の日から 60 日以内に責任追及等の訴えを提起しないときは当該請求をした株主は、株式会社を代表して責任追及等の訴えを提起できるとされていますので、監査役は 60 日以内に事実関係の調査を完了し、法的責任の存否を判断し、提訴をするかどうかを決定しなければなりません。なお、代表訴訟の対象として、責任追及の訴えに加えて一定の引受人の責任等が法 847 条に明示されていますが、これらに加え、判例上取締役の会社に対する取引債務も含まれる（最判平成 21・3・10 民集 63 巻 3 号 361 頁）ので留意が必要です。

実務上の負担を勘案すると 60 日間という期間は著しく短いこと、取締役の責任の存否は困難な法律判断を伴うことから、初期の段階から社内の関係部署および外部弁護士の協力を得て、資料の入手や関係当事者のインタビュー、調査結果の書面化作業を進めることが必要と思われます。外部弁護士を起用する場合は、利害関係を調査の上、対象取締役等から相談を受けていない弁護士を起用することが必要です。

なお、こうした調査や訴訟提起は監査役が独任性であることから各監査役が単独で行うことができるとされていますが、訴訟提起をするかどうかはきわめて重要な問題であることから、監査役会で十分協議をし、意見の合致を見ることが望ましいことはいうまでもなく、調査における監査役間の役割分担や途中における情報の共有をしておくことが重要です。

訴訟を提起しない場合、請求した株主に対して不提訴の理由、具体的には会社が行った調査の内容（責任・義務の有無についての判断の基礎とした資料の標目を含む）、対象者の責任・義務の有無についての判断およびその理由ならびに責任・義務があると判断した場合において訴えを提起しないときはその理由を通知しなければなりません（法 847 条 4 項、施 218 条）。不提訴理由の通知は監査役より書面または電磁的方法によりなされますが、監査役会で意見を集約の上、監査役全員の連名で出すことも認められています。

監査役監査基準も以下のとおり監査役会での審議を前提として対応する旨の規定を置いています。

（株主代表訴訟の提訴請求の受領及び不提訴理由の通知）
第 52 条
1．監査役は、取締役に対しその責任を追及する訴えを提起するよう株主から請求を受けた場合には、速やかに他の監査役に通知するとともに、監査役会を

3　会社と取締役との訴訟における監査役の役割　Q106　173

招集してその対応を十分に審議のうえ、提訴の当否について判断しなければ
ならない。
2．前項の提訴の当否判断に当たって、監査役は、被提訴取締役のほか関係部署
から状況の報告を求め、又は意見を徴するとともに、関係資料を収集し、外
部専門家から意見を徴するなど、必要な調査を適時に実施する。
3．監査役は、第1項の判断結果について、取締役会及び被提訴取締役に対して
通知する。
4．第1項の判断の結果、責任追及の訴えを提起しない場合において、提訴請求
株主又は責任追及の対象となっている取締役から請求を受けたときは、監査
役は、当該請求者に対し、遅滞なく、次に掲げる事項を記載した書面を提出
し、責任追及の訴えを提起しない理由を通知しなければならない。この場合、
監査役は、外部専門家の意見を徴したうえ、監査役会における審議を経て、
当該通知の内容を検討する。
一　監査役が行った調査の内容（次号の判断の基礎とした資料を含む。）
二　被提訴取締役の責任又は義務の有無についての判断及びその理由
三　被提訴取締役に責任又は義務があると判断した場合において、責任追及
の訴えを提起しないときは、その理由
5．監査役は、提訴の当否判断のために行った調査及び審議の過程と結果につい
て、記録を作成し保管する。

Q106　株主代表訴訟への関与

　株主による責任追及等の訴えが提起された場合、監査役はどのような役割を
担うのでしょうか。

　株主は株主代表訴訟を提起したときは会社に対して訴訟告知をしなければな
らず、会社は訴訟告知を受けたとき、または会社が責任追及等の訴えを提起し
た場合、監査役は会社を代表し、遅滞なく、その旨を公告し、または株主に通
知する必要があります。
　会社は、共同訴訟人として、当事者の一方を補助するために、責任追及等の
訴えに参加することが可能とされています（法849条）。会社として責任追及
等の訴えに利害関係を有することも多く、取締役または元取締役を補助するた
めに補助参加する事例は多く見られますが、判断の公正性を担保するため、請
求追及等の訴えに参加するためには監査役全員の同意が必要とされています。
　また、株主代表訴訟は第三者による訴訟担当であるため、その和解は会社の
承認がなければ確定判決と同一の効力を生じないものとされています。裁判所

174　第5章　監査役（会）と取締役・取締役会

は会社に対し、和解の内容を通知し、かつ、当該和解に異議がある場合は2週間以内に異議を述べるべき旨を催告しなければならず、当該期間に異議を述べなかったときは和解をすることを承認したものとみなされます（法850条）。会社法がこのような手続的な規制を置いていることから、会社が承認した場合は会社による再訴も禁止されるものと解されています。監査役は裁判所からの和解の通知および催告を受けるにあたって会社を代表し、和解内容が不相当であると考える場合、各監査役は異議を述べることができます。

　補助参加の同意、訴訟上の和解に関する監査役監査基準は以下のとおり定められています。

（補助参加の同意）
第53条
1．監査役は、株主代表訴訟における会社の被告取締役側への補助参加の同意に際し、監査役会にて協議を行う。
2．前項の補助参加への同意の当否判断に当たって、監査役は、代表取締役及び被告取締役のほか関係部署から状況の報告を求め、又は意見を徴し、必要に応じて外部専門家からも意見を徴する。監査役は、補助参加への同意の当否判断の過程と結果について、記録を作成し保管する。

（訴訟上の和解）
第54条
1．監査役は、株主代表訴訟について原告株主と被告取締役との間で訴訟上の和解を行う旨の通知及び催告が裁判所からなされた場合には、速やかに監査役会等においてその対応を十分に審議し、和解に異議を述べるかどうかを判断しなければならない。
2．前項の訴訟上の和解の当否判断に当たって、監査役は、代表取締役及び被告取締役のほか関係部署から状況の報告を求め、又は意見を徴し、必要に応じて外部専門家からも意見を徴する。監査役は、訴訟上の和解の当否判断の過程と結果について、記録を作成し保管する。

Q107　特定責任追及の訴え（多重代表訴訟）および株式交換等完全子会社の旧株主による責任追及の訴えに対する監査役の関与

　特定責任追及の訴え（多重代表訴訟）および株式交換等完全子会社の旧株主による責任追及の訴えに対する監査役の関与について教えてください。

平成26年会社法改正により、特定責任追及の訴え（いわゆる多重代表訴訟）および株式交換等完全子会社の旧株主による責任追及の訴えが導入されました。

1 特定責任追及の訴えの要件

特定責任追及の訴えは、最終完全親会社等の株主が重要な完全子会社の役員の責任を追及する訴訟として新設されたものです。

最終完全親会社等の株主が完全子会社の取締役等の責任を追及するための要件は、法文上非常に複雑ですが、①最終完全親会社等の株主の持株要件、②当該子会社株式の帳簿価額が最終完全親会社等の総資産の5分の1を超える重要な子会社でなければならないこと（総資産額要件）、③最終完全親会社等が完全子会社との間で完全親子会社関係にあること（完全親子関係要件）が要求され、阻却要件として最終完全親会社等に損害がない場合等には認められない、と整理することができます（法847条の3）。

図表 5-107-1 （特定責任追及の訴え）

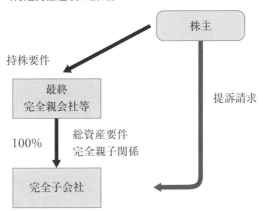

このうち、持株要件は提訴請求のための要件ですので、原因事実発生時には不要ですが、提訴請求の時および事実審の口頭弁論終結時に維持することが必要とされ、具体的には以下のとおり細分化することが可能です。

＜持株要件＞
　最終完全親会社等の株主が、
　最終完全親会社等の総株主の議決権または発行済株式（自己株式を除く）の100分の1以上（定款により引下げ可能）の数の株式を、

176　第5章　監査役（会）と取締役・取締役会

（最終完全親会社等が公開会社の場合には）6か月前（定款により引下げ可能）
から引き続き有していること。

　これに対し、特定責任追及訴訟の対象となる「特定責任」は、原因事実発生
時において、その株式の帳簿価額が最終完全親会社等の総資産額の5分の1
（定款により引下げ可能）を超える完全子会社の取締役等の責任に限定されて
いますので（法847条の3第4項）、原因事実発生時において、総資産額要件と
完全親子会社関係にあったことが前提になっています。
　また、特定責任追及訴訟にかかる提訴請求ができる株主は、最終完全親会社
等の株主に限定されていますので（法847条の3第1項）、完全親子会社関係
は提訴請求時および事実審の口頭弁論終結時においても必要となりますが、総
資産額要件については原因事実発生時に充足すれば足りると理解されています。
　提訴請求の判断に際し、各要件をいつの時点で具備していることが必要かを
整理することは重要なので、時系列に沿って図示しておきます（図表5-107-
2）。

図表5-107-2（各要件と時点の整理表）

	原因事実発生時	提訴請求時	口頭弁論終結時
完全親子関係要件	必要	必要	必要
持株要件	不要	必要	必要
総資産額要件	必要	不要	不要

　また、特定責任追及訴訟制度においては、以上の要件を満たした場合でも、
次の事由のいずれかに該当する場合は、提訴請求が認められないとされていま
す（法847条の3第1項ただし書）。

① 　特定責任追及の訴えが、原告株主もしくは第三者の不正な利益を図る目的ま
　たは対象子会社もしくは最終完全親会社等に損害を加えることを目的とする場
　合
② 　特定責任の原因となった事実によって最終完全親会社等に損害が生じていな
　い場合

　ここでいう「損害」が生じていない例として主に想定されているのは、(i)
最終完全親会社等が対象子会社から利益を得た場合や、(ii)対象子会社と別の子

3　会社と取締役との訴訟における監査役の役割　Q107　177

会社間で利益が移転した場合です。

図表 5-107-3（特定責任追及訴訟制度と株主代表訴訟制度の異同）

	株主代表訴訟	特定責任追及訴訟
原告	株式会社の株主（法847条1項）	対象子会社の最終完全親会社等の株主（法847条の3第1項）
被告	株式会社の取締役等（法847条1項）	対象子会社の取締役等（法847条の3第1項）
株式保有数	単独株主権	最終完全親会社等の(i)総株主の議決権の100分の1以上の議決権または(ii)発行済株式の100分の1以上の数の株式（法847条の3第1項）
株式保有期間	公開会社の場合、提訴前6か月（法847条1項）	同左（法847条の3第1項）
阻却要件	(i) 訴えが当該株主もしくは第三者の不正な利益を図りまたは(ii)当該株式会社に損害を加えることを目的とする場合（法847条1項）	(i) 訴えが当該株主もしくは第三者の不正な利益を図りまたは(ii)子会社もしくは最終完全親会社に損害を加えることを目的とする場合、(iii)責任原因事実により最終完全親会社等に損害が生じていない場合（法847条の3第1項）
子会社の重要性	―	原因事実発生時において、最終完全親会社等およびその完全子会社等が保有する対象子会社の株式の帳簿価額の合計が、最終完全親会社等の総資産額の5分の1を超えること（法847条の3第4項）
提訴請求の相手方	株式会社（法847条1項）	対象子会社（法847条の3第1項）
提訴待機期間	提訴請求から60日間以内に会社が訴え提起しない場合（法847条3項）	同左（法847条の3第7項）

	株主代表訴訟	特定責任追及訴訟
訴訟参加	(i) 株主、または、(ii)株式会社は、共同訴訟人として訴訟参加または補助参加可能（法849条1項）	(i) 対象子会社もしくはその株主または最終完全親会社等の株主は共同訴訟人として訴訟参加または補助参加可能、(ii)最終完全親会社等は補助参加可能（法849条1項・2項）
訴訟告知	(i) 株主は、訴え提起後遅滞なく、株式会社に訴訟告知が必要（法849条4項） (ii) 株式会社は、訴え提起後または訴訟告知を受けた後遅滞なく、公告または株主に通知することが必要（法849条5項・9項）	(i) 最終完全親会社等の株主は、訴え提起後遅滞なく、対象子会社に訴訟告知が必要（法849条4項） (ii) 対象子会社は、訴え提起後または訴訟告知を受けた後遅滞なく、公告または株主への通知をし（法849条5項）、さらに、最終完全親会社等に通知することが必要（同条7項） (iii) 最終完全親会社等は、当該通知受取後遅滞なく、公告または株主に通知することが必要（法849条10項2号・11項）
責任免除	株式会社の総株主の同意（法424条）	対象子会社の総株主および最終完全親会社等の総株主の同意（法847条の3第10項）

2　旧株主による責任追及の訴え

　平成26年改正前の会社法においては、株主代表訴訟を提起または訴訟参加をした株主が、株主代表訴訟の係属中に、株式交換、株式移転または合併により株主資格を喪失しても、これら株式交換等の結果、完全親会社、新設会社または存続会社の株式を取得した場合には、株主代表訴訟を継続して追行できるとされていました（法851条）が、同条では株主代表訴訟の係属前に株式交換等の効力が発生して株主資格を喪失した場合のことは手当てされていませんでした。

　平成26年会社法改正は、株式交換・株式移転・三角合併により株式交換等完全子会社の株式を失い、株式交換等完全親会社の株式を取得した場合に、旧

株主による株式交換等完全子会社の役員の責任を追及する訴訟として旧株主による責任追及の訴えを新設しました（法847条の2）。

具体的には、①株式交換・株式移転・三角合併の効力発生日において（公開会社においては、効力発生日の6か月前（定款により引下げ可能）から引き続き）、株主であったこと（定款の定めにより権利を行使できない単元未満株主を除く）が、②株式交換等により株式交換等完全親会社の株式を取得し、引き続き当該株式を有するときは、③効力発生日前にその責任原因事実が生じたものについて、株式交換等完全子会社の取締役等の責任を追及できるものとされています。

3　監査役としての対応

いずれも完全親会社の株主が完全子会社の役員の責任を追及する訴えであるという意味では共通ですので、以下、完全子会社側の監査役の関与と、完全親会社側の監査役の関与とに分けて見ていきます。

(1) 完全子会社の監査役

当該完全子会社が監査役設置会社であれば、取締役または元取締役に対する訴訟提起、および株主からの取締役に対する提訴請求を受けた場合には、監査役が会社を代表するものとされています（法386条）。

したがって、当該完全子会社の監査役は、最終完全親会社等の株主からの特定責任追及の訴えや株式交換等完全親会社の株主からの訴えについて、提訴請求の法律上の要件、請求資格の有無および責任原因事実の有無や対象とされた取締役の責任の存否を調査し、提訴するかどうかを判断することになります。なお、いずれの訴えも親会社株主としての資格に基づくものと整理され、完全子会社との関係では少数株主権ではないため、個別株主通知は不要です。

(2) 完全親会社の監査役

最終完全親会社等や株式交換等完全親会社は、完全子会社の直接の株主である場合、完全子会社の株主として、発起人等に対する責任追及等の訴えを提起することができます（法847条）。ただ、当該責任追及等の訴えが、特定責任追及の訴えや旧株主による責任追及の訴えにかかるものである場合、馴れ合いを防止するため、最終完全親会社等・株式交換等完全親会社の監査役が代表権を有するものとされています。

また、特定責任追及の訴えや旧株主による責任追及の訴えについては最終完全親会社等や株式交換等完全親会社が利害関係を有し、その参加が審理の充実に資することもあり、対象となる完全子会社の株式を直接有していない場合にも、これらの訴えに最終完全親会社等や株式交換等完全親会社が参加する機会

180 第5章 監査役（会）と取締役・取締役会

が付与されており、通知・公告の特則が定められました。かかる通知や公告を
受領するにあたっても監査役が完全親会社の代表権を有するものとされていま
す（法386条）。

なお、監査役監査基準は多重代表訴訟に備え、規定を新設し、監査役が最終
完全親会社、完全子会社を代表する場合を以下のとおり整理しています。

（多重代表訴訟等における取扱い）
第55条
1. 最終完全親会社（会社が特定責任追及の訴えの制度（いわゆる多重代表訴訟
　制度）の対象となる子会社（以下本条において「完全子会社」という。）を有
　している場合の当該会社をいう。以下本条において同じ。）の監査役は、完全
　子会社の取締役、清算人（以下本条において「完全子会社取締役等」とい
　う。）に対する特定責任追及の訴えについて、以下に留意して、本章の規程に
　準じた対応を行う。
　　一　完全子会社が最終完全親会社の株主から完全子会社取締役等に対する特
　　　定責任追及の訴えの提起に係る訴訟告知を受けた旨の通知を最終完全親会
　　　社が完全子会社から受ける場合、最終完全親会社の監査役が最終完全親会
　　　社を代表する。
　　二　最終完全親会社が完全子会社取締役等に対して特定責任追及の訴えを行
　　　う場合、最終完全親会社の監査役が最終完全親会社を代表する。
　　三　特定責任追及の訴えにおいて最終完全親会社が被告完全子会社取締役等
　　　側へ補助参加を行う場合、最終完全親会社の監査役は当該参加に同意する
　　　か否かを判断する。
2. 完全子会社の監査役は、最終完全親会社の株主から完全子会社取締役等に対
　する特定責任追及の訴えの提訴請求を完全子会社が受ける場合、完全子会社
　を代表する。

Q108　取締役の責任免除に対する監査役の関与

取締役の責任免除に関する監査役の関与について教えてください。

取締役の責任免除については、取締役の職務執行に対する監査権限の強化の
観点からいくつかの場面で監査役等の同意が必要とされています。

まず、取締役（監査等委員・監査委員を除く）および執行役の責任の一部免除
に関する議案を株主総会に提出する場合には、各監査役、各監査等委員、各監
査委員の同意が必要になります。

一部免除の対象となる責任が特定責任（Q107参照）である場合には、その

責任の免除のためには当該完全子会社に加え、最終完全親会社等における株主総会決議が必要とされることから、当該議案の提出にあたり、当該完全子会社および最終完全親会社等それぞれの各監査役、各監査等委員、各監査委員の同意が必要とされます（法425条）。

　また、取締役・取締役会の決定により取締役の責任の一部免除ができる旨の定款変更議案を株主総会に提出する場合ならびに当該定款に基づく責任免除について取締役の同意を得る場合および責任免除議案を取締役会に提出する場合も同様に各監査役、各監査等委員、各監査委員の同意が必要です（法426条2項）。さらに、非業務執行取締役の会社に対する責任につき責任限定契約を締結できる旨の定款変更議案を株主総会に提出する場合も同様とされます（法427条3項）。

第6章 監査役の責任

Q109 監査役と民事責任

監査役が負う株主・第三者に対する民事責任にはどのようなものがありますか。

監査役はその任務を怠ったときは、株式会社に対して損害賠償義務を負うとされています（法423条1項）。監査役は会社との委任契約に基づき、善管注意義務を負うものとされており（法330条）、取締役の忠実義務（法355条）については監査役に適用がないものの、その具体的内容は善管注意義務の一内容として含まれるものと理解されます。

業務執行を行う取締役の判断については原則として経営判断原則が適用されますが、監査役の職務の性質上、その責任を問われるのは違法行為を看過した場合等が多く、そのような場合には経営判断原則は適用されないものと考えられます。したがって、監査役は、法令に関する知識を研鑽するとともに、そのような知識を有する他の監査役、社内の法務部門または外部弁護士に相談しながら職務を進めることが肝要です。

また、監査役がその職務を行うにあたって悪意または重過失があったときは、監査役は第三者（株主を含むものと解されています）に生じた損害を賠償する義務を負います。監査役が監査報告に記載し、記載すべき重要な事項について虚偽の記載または記録をしたときも同様とされますが、監査役が注意義務を怠らなかったことを証明したときはこの限りではないとされています（法429条）。他の役員等も損害賠償義務を負うときは連帯債務の関係になります（法430条）。

Q110　監査役に対する責任追及

　株主による監査役に対する責任追及の法的手段としてどのようなものがありますか。

　監査役に対する責任追及の法的手段として、責任追及等の訴え、特定責任追及の訴え、株式交換等完全子会社の旧株主による責任追及の訴えが存在するのは取締役に対する場合と同様です。監査役に対する責任追及は取締役会において判断し、代表権は原則とおり代表取締役が有することになります。これらの責任追及の法的手段については、**Q105～107**をご参照ください。

　このほか、監査役がその職務を行うについて悪意または重大な過失があったときは、第三者である株主に対して損害賠償責任を負うことがあります（法429条）。

Q111　監査役の責任減免

　監査役の責任減免措置としてどのような制度が存在しますか。

　監査役の任務懈怠による損害賠償責任は総株主の同意がなければ免除されません（法424条）。多重代表訴訟の対象となる監査役の責任免除には、当該会社の総株主の同意に加え、最終完全親会社等の株主の全員の同意を必要とします（法847条の3第10項）。

　監査役が職務を行うについて善意で重過失がない場合は、株主総会の特別決議をもって、最低責任限度額を超える額を免除することができます。多重代表訴訟の対象となる監査役の責任一部免除には、これに加えて最終完全親会社等の株主総会の特別決議が必要とされます（法425条1項）。

　また、定款に定めがある場合、監査役が職務を行ったことについて善意で重過失がない場合は、取締役会決議をもって、最低責任限度額を超える額を限度として、責任を一部免除することができます（法426条）。

　さらに、事前の責任限定契約による場合として、監査役が職務を行ったことについて善意で重過失がない場合は、定款で定めた額の範囲内であらかじめ定めた額と最低責任限度額のいずれか高い額を限度とする旨の契約を締結することができることを定款で定めることができます（法427条）。

184 第6章 監査役の責任

Q112 監査役の刑事責任

監査役が負う刑事責任にはどのようなものがありますか。

業務執行を行わない監査役が刑事責任に問われることは考えにくいことではありますが、監査役に適用のある会社法上の主な刑事責任としては以下のようなものがあります。

① 特別背任罪（法960条）

自己もしくは第三者の利益を図りまたは株式会社に損害を加える目的で、その任務に背く行為をし、当該株式会社に財産上の損害を与えたときは、10年以下の懲役もしくは1000万円以下の罰金に処し、またはこれらを併科されます。

② 会社財産を危うくする罪（法963条）

発起人による出資の履行、引受人による設立時募集株式の払込金額の払込み、変態設立事項について、裁判所または創立総会に対して、虚偽の申述をし、または事実を隠ぺいしたときは、5年以下の懲役もしくは500万円以下の罰金に処し、またはこれらを併科されます。

③ 株主等の権利の行使に関する贈収賄罪（法968条）

株主等の権利行使に関し、不正の請託を受けて、財産上の利益を収受し、またはその要求もしくは約束をした場合は5年以下の懲役または500万円以下の罰金に処せられます。これらの利益を供与し、またはその申込みもしくは約束をした者も同様です。

④ 株主等の権利の行使に関する利益供与罪（法970条）

株主、旧株主による責任追及等の訴えを提起できる旧株主、特定責任追及の訴えの株主の権利行使に関し、当該株式会社またはその子会社の計算において財産上の利益を供与したときは、3年以下の懲役または300万円以下の罰金に処せられます。

⑤ 贈収賄罪（法967条）

その職務に関し、不正の請託を受けて、財産上の利益を収受し、またはその要求もしくは約束をしたときは、5年以下の懲役または500万円以下の罰金に処せられます。

第7章 監査委員と監査委員会

Q113 指名委員会等設置会社における監査委員会

監査委員会とはどのような機関ですか。

指名委員会等設置会社は、従来「委員会設置会社」と呼称されていたものが、平成26年会社法改正により「監査等委員会設置会社」が登場してきたため、それと区別するために指名委員会等設置会社と呼ばれるようになりました。

モニタリング・モデルを採用する指名委員会等設置会社においては、経営を行う執行役に対して業務執行の決定を大幅に委任することができ、取締役会が主にその監督機能を担うことになりますが、その実効的監督を可能にするため、社外取締役が過半数を占める指名委員会、監査委員会、報酬委員会の三委員会が置かれています。

監査委員会は、執行役・取締役・会計参与の職務の執行を監査し、監査報告を作成するほか、株主総会に提出する会計監査人の選任・解任・不再任の議案の内容の決定を行います（法404条2項）。

その職務執行のために、適法性監査権限として、各監査委員は執行役・取締役の違法行為の差止請求権を有し、監査委員会が選定する監査委員は会社の業務・財産の調査、子会社調査権限、執行役・取締役に対して訴えを提起する権限等を有しているほか、取締役会の構成員として妥当性監査権限を有しているものと解されます。

Q114 監査委員

監査委員となる取締役は他の取締役と任期や資格に違いはありますか。実際に監査委員に就任することが多いのはどのような人ですか。

指名委員会等設置会社には監査役を置くことができず、その代わりに監査委員会の設置が必要とされています。そして、監査委員は、取締役の中から取締

役会の決議に基づいて選定がなされますので、全員取締役です。

1 任期

指名委員会等設置会社の取締役の任期は全員共通であり、選任後1年以内に終了する事業年度のうち最終のものに関する定時株主総会の終結の時までとされており、全株式譲渡制限会社であるときも定款によって任期の伸長をすることはできません（法332条）。

2 欠格事由

監査委員も取締役である以上、法331条1項に定められた以下の欠格事由のない人しかなることができません。

---

① 法人
② 成年被後見人もしくは被保佐人または外国の法令上これと同様に取り扱われている者
③ 会社法もしくは「一般社団法人及び一般財団法人に関する法律」の規定に違反し、または金商法の一部の罰則や民事再生法等の倒産法の一部の罰則に関する罪を犯し、刑に処せられ、その執行を終わり、またはその執行を受けることがなくなった日から2年を経過しない者
④ 上記③に規定する法律の規定以外の法令の規定に違反し、禁固以上の刑に処せられ、その執行を終わるまでまたはその執行を受けることがなくなるまでの者（刑の執行猶予中の者を除く）

これらの欠格事由に該当する人を取締役に選任することはできず、仮に株主総会で選任しても、決議内容が法令に違反しますので当該株主総会決議は無効となります（法830条2項）。また、任期中の取締役が欠格事由に該当することになった場合、当該取締役は当然に取締役を退任することになります。

上記③の罪を犯した場合は、執行猶予中も欠格者となりますが、執行猶予期間を満了したときは、刑の言渡しが効力を失いますので、その時には欠格者ではなくなります（刑法27条）。

破産手続開始決定を受けたことは欠格事由として規定されていないため、過去に破産したことがある人でも取締役になることはできますが、任期中の取締役が破産手続開始決定を受けた場合には、委任契約の終了事由に該当しますので、当該取締役は当然に取締役を退任することになります（民法653条2号）。

3 兼任禁止

監査役の兼任規制と同趣旨で、監査委員となる取締役においては、その過半数が社外取締役であること（法400条3項）に加え、その各人について、当該指名委員会等設置会社の執行役・支配人その他の使用人・会計参与、またはそ

の子会社の執行役・業務執行取締役・支配人その他の使用人・会計参与でないことが必要とされます（同条4項、331条4項、333条3項1号）。

4 定款による資格限定

公開会社においては、経営と所有の分離の観点と、広く適材を求める観点から、監査委員である取締役は株主でなければならない旨を定款で定めることはできません（法331条2項）。しかし、非公開会社については、その閉鎖的な性格から、監査委員の資格について定款自治が広く認められており、定款に「当会社の取締役は、株主でなければならない。」等と定めることで、取締役の資格を株主に限定することができます。

5 監査委員の前職・現職

日本監査役協会が平成27年に実施したアンケートの集計結果である「役員等の構成の変化などに関する第16回インターネット・アンケート集計結果（指名委員会等設置会社版）」によれば、社内監査委員の前職としては執行役以上の要職についていたケースが多いとされています。

図表7-114-1 「社内」監査委員の前職（平成27年）

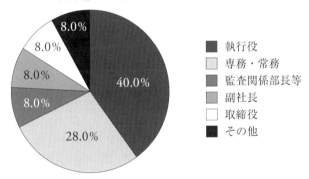

これに対し、社外監査委員の前職・現職としては、「会社と無関係な会社の役職員」(24.7％)、「弁護士」(20.0％)、「公認会計士または税理士」(14.1％)、「大学教授」(11.8％)の委員が多いとされています。

図表 7-114-2　社外監査委員の前職・現職（平成 27 年）

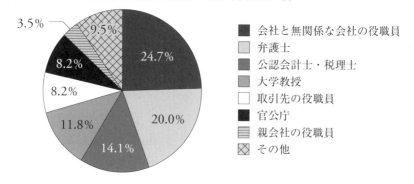

Q115　監査委員の選定・解職

監査委員の選定・解職の手続を教えてください。

　指名委員会等設置会社における各委員会は、監査等委員会と異なり、取締役の内部機関であると位置づけられていますので、まずは、株主総会において指名委員会が決定した取締役の選任に関する議案に基づき、取締役が選任され、選任された取締役の中から取締役会の決議に基づいて指名委員会、監査委員会または報酬委員会の各委員が選定されることになります。各委員会は委員 3 人以上で組織され、その過半数は社外取締役でなければなりませんので、そのような要件に合致するように監査委員が取締役の中から取締役会決議によって選定されます（法 329 条、400 条、404 条）。

　取締役会は、いつでも取締役会決議により各委員会の委員を解職することができますが（法 401 条）、解職をされた場合でも取締役の地位にはとどまりますので、正当な理由がない解職についての損害賠償の定めはありません。

　これに対し、取締役の解任は、指名委員会が決定した取締役の解任に関する議案に基づき、株主総会において決議されることになります。取締役の地位から解任された者は、その解任について正当な理由がある場合を除き、株式会社に対して解任によって生じた損害賠償を請求することができます（法 404 条、339 条）。

Q116　監査委員会の構成・運営

監査委員会の構成・運営の手続について教えてください。

監査委員会は、取締役の中から選定された3人以上の委員で組織され、その過半数は社外取締役とされます。監査委員会は各委員が招集し、招集のためには委員会の日の1週間前（取締役会決議により短縮可能）までに各委員に対して招集通知を発しなければなりません。ただし、委員全員の同意があるときは招集の手続を省略することができます。執行役等は監査委員会の要求があった場合は監査委員会に出席し、監査委員会が求めた事項について説明をしなければなりません（法411条）。

監査委員会の決議は、決議に参加できる委員の過半数（取締役会決議で加重可能）が出席し、その過半数（取締役会決議で加重可能）をもって行い、決議について特別の利害関係を有する委員は決議に参加することができません（法412条）。

Q117　監査委員会における監査

監査委員会による監査は、監査役による監査とどのような点で異なりますか。

監査役は独任制で自ら業務財産の調査等を行うのに対し、監査委員会における監査は取締役会が設ける内部統制部門を通じて監査を行うことが予定されているため、その監査は内部統制システムが適切に構築・運営されているかを監視し、具体的指示を出すということにより行うことがその職務であるとされます。そのような違いから、指名委員会等設置会社においては、大会社であるか否かとは無関係に内部統制システムの整備が義務づけられる一方で、監査役会のように常勤の監査委員を置くことは義務づけられていません（ただし、実際には常勤の監査委員を置いている例が多く見られます）。

監査委員が有する権限は監査役と類似していますが、その職務執行は監査委員会の決議に従って行われ、業務財産調査、子会社調査、指名委員会等設置会社と取締役・執行役との間の訴えの代表は「監査委員会が選定する監査委員」が行うものとされています（法405条、408条）。

また、監査委員は取締役であることから適法性監査に加え、妥当性監査をも職務内容とするのに対し、監査役は主に適法性監査のみを職務内容とする点も

190　第7章　監査委員と監査委員会

異なります。

Q118　監査委員会における監査報告

監査委員会による監査報告は、監査役会による監査報告とどのような点で異なりますか。

監査役会の場合は、各監査役の監査報告が作成された後、監査役会としての監査報告が作成されます（施129条、130条）が、監督委員会の場合は、監査委員会の監査報告を監査委員会の決議により定める（施131条）点が異なります。

第8章 監査等委員と監査等委員会

Q119 監査等委員会設置会社における監査等委員会

監査等委員会とはどのような機関ですか。

監査等委員会設置会社は、指名委員会等設置会社（従来「委員会設置会社」と呼称されていたもの）を採用する企業が少なかったため、監査役会設置会社と指名委員会等設置会社の中間的形態として、平成26年会社法改正により新たに導入されたものです。

指名委員会等設置会社は、執行（執行役）と監督（取締役会）を分離し、取締役会の内部機関として、指名委員会、報酬委員会、監査委員会を置くものですが、社外取締役が過半数を占める委員会が取締役の指名・報酬という重要事項を決定する権限を有することに対する抵抗もあり、採用する企業は限定的でした。

そこで、指名委員会、報酬委員会を必要とせず、3名以上の監査等委員により構成され、その過半数が社外取締役である監査等委員会が監査機能を担いつつ、業務執行取締役の選解任等および報酬についての意見陳述権を通じて一定の監督機能をも有する制度として、監査等委員会設置会社が新設されました。

監査等委員会設置会社においては、取締役会の過半数が社外取締役である場合、または定款の定めがある場合には、取締役会の決議によって、重要な業務執行の決定の全部または一部を取締役に委任することができ、会社の選択によってはモニタリング・モデルに移行することができますが、他方で指名委員会等設置会社のような社外取締役が過半数を占める三委員会が存在しないため、実効的な監督手段に乏しい等の評価もなされています。

監査等委員会は、監査委員会と同様に、取締役・会計参与の職務の執行を監査し、監査報告を作成するほか、株主総会に提出する会計監査人の選任・解任・不再任の議案の内容の決定を行い（法399条の2）、適法性監査権限として、各監査等委員は執行役・取締役の違法行為の差止請求権を有します。監査

等委員会が選定する監査等委員は会社の業務・財産の調査、子会社調査権限、取締役に対して訴えを提起する権限等を有しているほか、取締役会の構成員として妥当性監査権限を有しているものと解されます。

そして、監査委員会にない権限として、一定の監督機能のため、監査等委員会が選定する監査等委員は監査等委員以外の取締役の選任等および報酬等の意見陳述権（法342条の2第4項、361条6項）を有している点が特徴的です。

Q120　監査等委員

監査等委員となる取締役は他の取締役と任期や資格に違いはありますか。

監査等委員となる取締役は、以下のとおり他の取締役と任期や資格において違いがあります。

1　任期

監査等委員会設置会社における取締役の任期は、監査等委員である取締役が選任後2年以内に終了する事業年度のうち最終のものに関する定時株主総会の終結の時までとされているのに対し、それ以外の取締役は選任後1年以内に終了する事業年度のうち最終のものに関する定時株主総会の終結の時までとされており、監査等委員の独立性の観点から、任期に違いがあります。全株式譲渡制限会社であるときも、定款によって任期の伸長をすることはできません。また、監査等委員である取締役については、定款・株主総会の決議によって任期を短縮することはできません（法332条）。

2　欠格事由

監査等委員も取締役である以上、法331条1項に定められた以下の欠格事由のない者しかなることができません。

① 法人
② 成年被後見人もしくは被保佐人または外国の法令上これと同様に取り扱われている者
③ 会社法もしくは「一般社団法人及び一般財団法人に関する法律」の規定に違反し、または金商法の一部の罰則や民事再生法等の倒産法の一部の罰則に関する罪を犯し、刑に処せられ、その執行を終わり、またはその執行を受けることがなくなった日から2年を経過しない者
④ 上記③に規定する法律の規定以外の法令の規定に違反し、禁固以上の刑に処せられ、その執行を終わるまでまたはその執行を受けることがなくなるまでの者（刑の執行猶予中の者を除く）

これらの欠格事由に該当する者を取締役に選任することはできず、仮に株主総会で選任しても、決議内容が法令に違反しますので、当該株主総会決議は無効となります（法830条2項）。また、任期中の取締役が欠格事由に該当することになった場合、当該取締役は当然に取締役を退任することになります。

上記③の罪を犯した場合は、執行猶予中も欠格者となりますが、執行猶予期間を満了したときは、刑の言渡しが効力を失いますので、その時には欠格者ではなくなります（刑法27条）。

破産手続開始決定を受けたことは欠格事由として規定されていないため、過去に破産したことがある者でも取締役になることはできますが、任期中の取締役が破産手続開始決定を受けた場合には、委任契約の終了事由に該当しますので、当該取締役は当然に取締役を退任することになります（民法653条2号）。

3　兼任禁止

監査等委員である取締役は、その過半数が社外取締役でなければならないほか、独立性担保のため、各人が監査等委員会設置会社もしくはその子会社の業務執行取締役・支配人その他の使用人・会計参与・執行役を兼ねることができないものとされています（法331条3項、333条3項）。

4　定款による資格限定

公開会社においては、経営と所有の分離の観点と、広く適材を求める観点から、監査等委員である取締役は株主でなければならない旨を定款で定めることはできません（法331条2項）。しかし、非公開会社については、その閉鎖的な性格から、取締役の資格について定款自治が広く認められており、定款に「当会社の取締役は、株主でなければならない」等と定めることで、取締役の資格を株主に限定することができます。

5　監査等委員の前職

日本監査役協会が平成27年に実施したアンケートの集計結果である「役員等の構成の変化などに関する第16回インターネット・アンケート集計結果（監査等委員会設置会社版）」によれば、社内監査等委員の前職としては「監査役」が最も多く全体で64.4％を占めており、移行前の監査役の多くが移行後も社内監査等委員に就任していることがうかがえます。

図表 8-120-1 「社内」監査等委員の前職（平成 27 年）

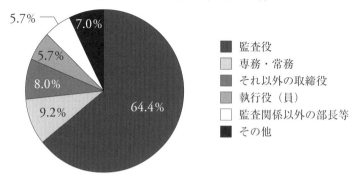

　また、社外監査等委員の経歴では、「公認会計士又は税理士」が全体で27.1％、次いで「弁護士」が19.5％、「会社と無関係な会社の役職員」が18.3％とされており、社外監査等委員を選任するに際して重視した知見としては「経営に関する知見」が最も多く46.2％とされています。

図表 8-120-2　社外監査等委員の前職または現職（平成 27 年）

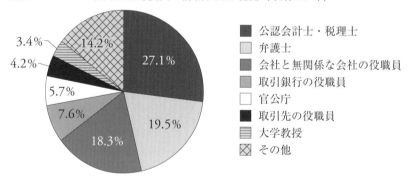

Q121　監査等委員の選任・解任

監査等委員である取締役の選任・解任の手続を教えてください。

　監査等委員である取締役は株主総会においてそれ以外の取締役と区分して選任されなければならず（法329条2項）、その独立性担保のため、監査等委員である取締役の選任議案を株主総会に提出するには監査等委員会の同意を得る必要があり、また、監査等委員会は、取締役に対して監査等委員である取締役

の選任議案を株主総会に提出することを請求することができます（法344条の2）。また、監査等委員である取締役の解任には、監査役の解任と同様、株主総会特別決議が必要（法309条2項7号）とされています。

また、同様に独立性担保のため、各監査等委員は監査等委員である取締役等の選任等および報酬等についての意見陳述権（法342条の2、361条5項）を有しています。

図表8-121　監査等委員である取締役とその他の取締役の比較

	監査等委員である取締役	その他の取締役
選任	株主総会決議により、区別して選任	
解任	出席株主の議決権の 3分の2以上の賛成	出席株主の議決権の 過半数の賛成
選任議案の 事前同意	監査等委員会の事前同意が必要	不要
任期	2年	1年
報酬	定款または株主総会決議により、区別して決定される必要	
個別の分配	監査等委員である取締役の協議	取締役会に委ねることが多い

Q122　監査等委員会の構成・運営

監査等委員会の構成・運営の手続について教えてください。

監査等委員会は、すべての監査等委員である取締役で組織され、その過半数は社外取締役とされます。監査等委員会は各委員が招集し、招集のためには委員会の日の1週間前（定款により短縮可能）までに各委員に対して招集通知を発しなければなりません。ただし、委員全員の同意があるときは招集の手続を省略することができます。取締役は監査等委員会の要求があった場合は監査等委員会に出席し、監査等委員会が求めた事項について説明をしなければなりません（法399条の9）。

監査等委員会の決議は、決議に参加できる委員の過半数が出席し、その過半数をもって行い、決議について特別の利害関係を有する委員は決議に参加することができません（法399条の10）。

Q123　監査等委員会における監査

監査等委員会による監査は、監査役による監査とどのような点で異なりますか。

　監査役は独任制で自ら業務財産の調査等を行うのに対し、監査等委員会における監査は取締役会が設ける内部統制部門を通じて監査を行うことが予定されているため、その監査は内部統制システムが適切に構築・運営されているかを監視し、具体的指示を出すということにより行うことが監査等委員会の職務であるとされます。そのような違いから、監査等委員会設置会社においては、大会社であるか否かとは無関係に内部統制システムの整備が義務づけられる一方で、監査役会のように常勤の監査等委員を置くことは義務づけられていません。ただし、実際には常勤の監査等委員を置いている例が多く見られ、日本監査役協会が平成27年に実施したアンケートの集計結果である「役員等の構成の変化などに関する第16回インターネット・アンケート集計結果（監査等委員会設置会社版）」によれば、常勤の監査等委員の平均人数は0.98人とされています。

　同アンケートでは内部統制システムに関する調査も実施されており、以下のような点から監査役会設置会社よりはその整備が充実しているものの、指名委員会等設置会社と比較するとまだ整備が不十分である点がうかがえます。監査役会設置会社から監査等委員会設置会社に移行したものの、内部統制システムの充実が追いついていない現状にあると理解できます。

> ・監査等委員会における議事の原案作成者は「社内監査等委員」が最も多く6割以上を占めており、「監査等委員会事務局」も3割弱に達したが、事務局が原案を作成する割合が8割を超える指名委員会等設置会社とは異なっており、監査等委員会スタッフが十分に配置されていない懸念がある
> ・監査等委員会スタッフを設置する会社が6割を超えており、監査役（会）設置会社の43.8％よりは高いが、約9割の指名委員会等設置会社と比較すると十分ではない
> ・スタッフ総数平均は全体で1.78人であり、内訳は、専属0.46人、兼任1.32人となっている
> ・監査等委員会スタッフに対する人事同意権等がある会社が85.7％を占め、監査役スタッフの69.7％より多い

　監査等委員が有する権限は監査役と類似していますが、その職務執行は監査

等委員会の決議に従って行われ、業務財産調査、子会社調査、監査等委員会設置会社と取締役との間の訴えの代表は「監査等委員会が選定する監査等委員」が行うものとされています（法399条の3、399条の7）。

　また、監査等委員は取締役であることから適法性監査に加え、妥当性監査をも職務内容とするのに対し、監査役は主に適法性監査のみを職務内容とする点も異なります。

Q124　監査等委員会における監査報告

　監査等委員会による監査報告は、監査役会による監査報告とどのような点で異なりますか。

　監査役会の場合は、各監査役の監査報告が作成された後、監査役会としての監査報告が作成されます（施129条、130条）が、監査等委員会の場合は、監査等委員会の監査報告を監査等委員会の決議により定める（施130条の2）点が異なります。

編者・著者紹介

【編者】
弁護士法人大江橋法律事務所

　　1981 年の設立以来、海外のさまざまな法律問題に対応してきた実績があり、日本の法律事務所で最初に上海に事務所を開設するなど積極的に渉外業務に取り組み、現在も各国の有力な法律事務所と独自のネットワークを構築している。弁護士数は、外国法事務弁護士を含めて 130 名を超え、企業法務や企業再編、コーポレート・ガバナンス支援をはじめとする幅広い分野において、専門的な法的アドバイスを提供している。

（大阪事務所）
　　〒 530-0005　大阪市北区中之島 2-3-18　中之島フェスティバルタワー 27 階
　　電話番号：06-6208-1500　FAX 番号：06-6226-3055
（東京事務所）
　　〒 100-0005　東京都千代田区丸の内 2-2-1　岸本ビル 2 階
　　電話番号：03-5224-5566　FAX 番号：03-5224-5565
（名古屋事務所）
　　〒 450-0002　名古屋市中村区名駅 4-4-10　名古屋クロスコートタワー 16 階
　　電話番号：052-563-7800　FAX 番号：052-561-2100

【著者】
関口　智弘（せきぐち・のりひろ）
　　弁護士法人大江橋法律事務所（東京事務所）弁護士
　　1970 年生まれ
　　1994 年　早稲田大学法学部卒業
　　1997 年　弁護士登録
　　2003 年　University of Virginia School of Law 卒業（LL.M.）
　　2003 年〜 2004 年　Baker&McKenzie LLP（Chicago）勤務
　　2004 年　ニューヨーク州弁護士登録

竹平　征吾（たけひら・せいご）
　　弁護士法人大江橋法律事務所（大阪事務所）弁護士
　　1974 年生まれ
　　1997 年　大阪大学法学部卒業
　　2000 年　弁護士登録
　　2005 年　The University of Michigan Law School 卒業（LL.M.）
　　2005 年〜 2006 年　Morgan, Lewis & Bockius LLP（New York）勤務
　　2006 年　ニューヨーク州弁護士登録

細野　真史（ほその・しんじ）
　弁護士法人大江橋法律事務所（名古屋事務所）弁護士
　1977 年生まれ
　2001 年　大阪大学法学部卒業
　2002 年　弁護士登録
　2011 年　University of Southern California Law School 卒業（LL.M.）
　2011 年～ 2012 年　Weil, Gotshal & Manges LLP（New York）勤務
　2012 年　ニューヨーク州弁護士登録

山口　拓郎（やまぐち・たくろう）
　弁護士法人大江橋法律事務所（東京事務所）弁護士
　1980 年生まれ
　2003 年　東北大学法学部卒業
　2005 年　弁護士登録
　2012 年　University of Southern California Law School 卒業（LL.M.）
　2012 年～ 2013 年　Winston & Strawn LLP（New York, London）勤務
　2013 年　ニューヨーク州弁護士登録

浦田　悠一（うらた・ゆういち）
　弁護士法人大江橋法律事務所（大阪事務所）弁護士
　1980 年生まれ
　2004 年　東京大学法学部卒業
　2006 年　一橋大学法科大学院修了
　2007 年　弁護士登録
　2013 年　Columbia Law School 卒業（LL.M.）
　2013 年～ 2014 年　Weil, Gotshal & Manges LLP（New York）勤務
　2014 年　ニューヨーク州弁護士登録

コンパクト解説会社法3
監査役・監査委員・監査等委員

2016年4月20日　初版第1刷発行

編　　者　弁護士法人大江橋法律事務所

発　行　者　塚　原　秀　夫

発　行　所　株式会社　商　事　法　務
〒103-0025 東京都中央区日本橋茅場町 3-9-10
TEL 03-5614-5643・FAX 03-3664-8844〔営業部〕
TEL 03-5614-5649〔書籍出版部〕
http://www.shojihomu.co.jp/

落丁・乱丁本はお取り替えいたします。
© 2016 弁護士法人大江橋法律事務所
Shojihomu Co., Ltd.
ISBN978-4-7857-2411-5
＊定価はカバーに表示してあります。

印刷／広研印刷㈱
Printed in Japan